WISSEN FÜR DIE PRAXIS

Wir freuen uns über Ihr Interesse an diesem Buch. Gerne stellen wir Ihnen zusätzliche Informationen zu umserem Programm zur Verfügung.
Bitte sprechen Sie uns an:

E-Mail: WALHALLA@WALHALLA.de
http://www.WALHALLA.de
Walhalla Fachverlag · Haus an der Eisernen Brücke · 93042 Regensburg
Telefon 0941 5684-0 · Telefax 0941 5684-111

70 JAHRE WALHALLA

Peter Schade

DIE GRUNDRECHTE

ARTIKEL 1–19 GRUNDGESETZ

Verständlich kommentiert mit Praxisbeispielen

WISSEN FÜR DIE PRAXIS

Bibliografische Information der Deutschen Nationalbibliothek
Die Deutsche Nationalbibliothek verzeichnet diese Publikation in der Deutschen Nationalbibliografie; detaillierte bibliografische Daten sind im Internet über http://dnb.dnb.de abrufbar.

Zitiervorschlag:
Peter Schade, Die Grundrechte
Walhalla Fachverlag, Regensburg 2019

Hinweis: Unsere Werke sind stets bemüht, Sie nach bestem Wissen zu informieren. Alle Angaben in diesem Buch sind sorgfältig zusammengetragen und geprüft. Durch Neuerungen in der Gesetzgebung, Rechtsprechung sowie durch den Zeitablauf ergeben sich zwangsläufig Änderungen. Bitte haben Sie deshalb Verständnis dafür, dass wir für die Vollständigkeit und Richtigkeit des Inhalts keine Haftung übernehmen.

Produktion: Walhalla Fachverlag, 93042 Regensburg
Printed in Germany
ISBN 978-3-8029-7186-0

Inhaltsverzeichnis

Doppeljubiläum:
70 Jahre Grundgesetz – 70 Jahre Walhalla Fachverlag

Am 23. Mai 2019 ist das Grundgesetz der Bundesrepublik Deutschland 70 Jahre alt. Es ist das Fundament unseres Staates, unseres Zusammenlebens, in dem es die grundlegenden Prinzipien wie Demokratie, Rechts- und Sozialstaat festlegt.

An den Anfang des Grundgesetzes hat der Verfassungsgeber bewusst die Grundrechte gestellt; sie beginnen mit den Sätzen in Art. 1: „Die Würde des Menschen ist unantastbar. Sie zu achten und zu schützen ist Verpflichtung aller staatlichen Gewalt." Es folgen weitere wichtige Rechte wie etwa das Grundrecht auf Leben, auf Gleichheit vor dem Gesetz, Glaubens- und Bekenntnisfreiheit, Meinungsfreiheit, die Versammlungsfreiheit, das Brief-, Post- und Fernmeldegeheimnis, das Recht auf freie Berufswahl und das Eigentumsrecht. Diese Grundrechte (Art. 1–19) sind Kernbestandteil unserer freiheitlich-demokratischen Grundordnung.

In einer immer vielfältiger werdenden Gesellschaft sind diese Freiheits- und Gleichheitsrechte fundamental für ein friedliches Zusammenleben und ein demokratisches Miteinander.

Kennen Sie aber Ihre Grundrechte wirklich? Wissen Sie, was „Meinungsfreiheit" umfasst und wo die Grenzen sind? Und was ist mit dem Recht auf informelle Selbstbestimmung eigentlich gemeint?

Diese und viele weitere Fragen möchten wir mit dieser „Jubiläumsausgabe" klären. Da der runde Geburtstag des Grundgesetzes in das gleiche Jahr fällt wie unsere Verlagsgründung, haben wir Ihnen mit diesem Buch eine Arbeitshilfe zusammengestellt – natürlich in gewohnter „WALHALLA-Qualität": Fachwissen praxisnah und einfach erklärt!

Wir danken unserem Autor Prof. Dr. Schade, dass wir die Erklärungen der Grundrechte seinem Kommentierungsband „Grundgesetz mit Kommentierung" entnehmen durften. Prof. Dr. Schade war Verfasser zahlreicher Fachbücher für Politik und Geschichte und ein Kenner unseres Verfassungsrechts. Er hatte zuletzt eine Gastprofessur an der Universität Magdeburg inne. Als Lehrender war es stets sein Bestreben, komplizierte Sachverhalte verständlich und praxisgerecht darzustellen.

Wer mehr über unseren Verlag und dessen Geschichte erfahren möchte, dem sei unsere Homepage ans Herz gelegt. Unsere Entwicklung vom Nachkriegsverlag hin zu einem modernen Medienhaus – wir zählen heute zu den 100 größten Verlagen des Landes – kann in unserer Verlagschronik nachgelesen werden: www.WALHALLA.de/verlagschronik

Ihr WALHALLA Fachverlag

Die Grundrechte

Der in diesem Buch dargestellte Grundrechtskatalog gehört zum unverzichtbaren Kernbestand der *freiheitlichen demokratischen Grundordnung* Deutschlands.

Die Grundrechte werden üblicherweise eingeteilt in die:

1. *Freiheitsrechte*, das sind die historisch ältesten, die auch Abwehrrechte (gegen den Staat) genannt werden, z. B. in Art. 2,
2. *Gleichheitsgrundrechte*, z. B. in Art. 3 und die
3. *Leistungsgrundrechte*, z. B. in Art. 6.

Die Grundrechte spiegeln eine *objektive Wertordnung* wider, die als Richtschnur für alles staatliche Handeln gilt. Einige von ihnen sind auch sog. *institutionelle Gewährleistungen*, d. h. der Staat muss die betreffende Rechtsform erhalten und schützen, z. B. das Privateigentum (Art. 14).

Umstritten ist die sog. *Drittwirkung* der Grundrechte, inwieweit gelten sie also nicht nur in den Beziehungen zwischen der öffentlichen Hand und dem einzelnen Bürger, sondern auch im Rechtsverkehr der Privatpersonen untereinander. Nach dem Wortlaut des Grundgesetzes (GG) scheint eine *unmittelbare Drittwirkung* z. B. bei Art. 9 Abs. 3 Satz 2 vorzuliegen, nachdem Abreden zur Einschränkung der Koalitionsfreiheit rechtswidrig sind. Die herrschende Meinung spricht mehr von einer *mittelbaren Drittwirkung* oder *Ausstrahlungswirkung* für das Privatrecht, z. B. für die Interpretation zivilrechtlicher Generalklauseln wie etwa dem *Treu und Glauben* in § 242 des Bürgerlichen Gesetzbuches (BGB). Man spricht auch von einer solchen auf Privatverträge, wenn Frauen gegenüber Männern aufgrund ihres Geschlechts nicht benachteiligt werden dürfen.

Kein Grundrecht gilt absolut und uneingeschränkt. Die wichtigsten Schranken sind:

1. Der *Gesetzesvorbehalt*, nach dem das Nähere durch ein Gesetz geregelt wird, z. B. Art. 4 Abs. 3. Dabei hat der Gesetzgeber den Grundsatz der

Verhältnismäßigkeit zu berücksichtigen. In diesen Bereich fallen auch Gesetze über „besondere Gewaltverhältnisse", z. B. bei Beamten und Soldaten.

2. *Verfassungsimmanente Schranken*, was bedeutet, dass ein Grundrecht begrenzt wird, weil es mit einem Grundrecht eines anderen kollidiert. Dabei muss eine Güterabwägung im Einzelfall erfolgen, welches Grundrecht das höherrangige ist. So muss das Recht auf freie Religionsausübung des einen zurücktreten, wenn es um den Schutz des Lebens eines Dritten geht, z. B. die von den Eltern verweigerte Bluttransfusion für ihr lebensgefährlich erkranktes Kind.
3. *Verfassungsrechtskollision*, bei der ein Grundrecht mit einem anderen Verfassungsgebot in Widerspruch gerät, wie z. B. die Anerkennung der Enteignungen zwischen 1945 und 1949 durch die Sowjetunion, um auf diese Weise ihre Zustimmung zur Wiedervereinigung von 1990 zu erhalten – unbeschadet der historisch offenen Frage, ob die sowjetische Siegermacht tatsächlich dies als unabdingbar angesehen hat.

Grundrechte binden die gesamte öffentliche Hand als *Grundrechtsverpflichteten*, der diese zu beachten hat. Sie verlangen vom Staat, diese Grundrechte zu schützen.

Grundpflichten kennt das GG, was vielfach als Mangel empfunden wird, im Gegensatz zu der Fülle von Grundrechten nur wenige. Sie sind in den Art. 5, 6, 12, 12a und 14 genannt.

Art. 1 [Schutz der Menschenwürde]

> Der Art. 1 enthält drei Aussagen:
> Die Unantastbarkeit der Menschenwürde.
> Das Bekenntnis zu den Menschenrechten als Grundlage menschlicher Gemeinschaft.
> Die unmittelbare Bindung aller staatlichen Gewalt an die Grundrechte.

Art. 1 Abs. 1 GG – Unantastbarkeit der Menschenwürde

Die Würde des Menschen ist unantastbar. Sie zu achten und zu schützen ist Verpflichtung aller staatlichen Gewalt.

Die Würde des Menschen gilt als der schlechthin oberste Wert. Das GG hat damit die wichtigste *wertsetzende Entscheidung* getroffen.

Der Art. 1 Abs. 1 gehört zu den tragenden Verfassungsgrundsätzen und hat elementare Bedeutung für alle anderen Bestimmungen des GG.

Er ist zugleich eine grundsätzliche Entscheidung über Rechtfertigung und Auftrag aller staatlichen Gewalt. Mit ihm wird ausgedrückt, dass dem Staat kein Primat vor der Menschenwürde zukommt, dass diese nicht von ihm verliehen wird, sondern vorstaatlich gegeben ist.

Die Formulierung ist auch aus der historischen Erfahrung zu begreifen. Mit ihr sollte eine Ab- und Umkehr vom nationalsozialistischen „Fahnenspruch“: „Du bist nichts, Dein Volk ist alles“ vollzogen werden.

Mit diesem Grundrecht wird *jedermann* ein Abwehrrecht gegen die staatliche Gewalt und ein Schutzauftrag garantiert, der den Staat verpflichtet, den Einzelnen vor Verletzung der Menschenwürde durch andere zu bewahren.

Praktisch wirksam wird der Abs. 1 in aller Regel nur in Verbindung mit den nachfolgenden Grundrechten, die als Ausformulierung und Konkretisierung des Art. 1 betrachtet werden, durch den die Würde des Menschen als höchster Wert in den Mittelpunkt des gesamten Rechtssystems gestellt wird.

Der Begriff *Menschenwürde* ist nicht klar definierbar. Er ist geprägt vom *Menschenbild* des GG. Danach ist jeder Mensch eine einmalige und unverwechselbare Persönlichkeit, aber nicht als selbstherrliches Individuum, sondern in einer Gemeinschaft lebend und ihr verbunden und verpflichtet. Andererseits ist der Mensch aber nicht nur Teil eines Kollektivs.

Eine positive Bestimmung des Schutzbereiches der Menschenwürde – was gehört konkret-inhaltlich zur Menschenwürde – konnte bisher nicht formuliert werden. Man kann somit das Prinzip der Menschenwürde nicht verbindlich interpretieren, sondern muss sich damit begnügen, zu sagen, dass ein bestimmtes Verhalten dagegen verstößt.

So wird deshalb versucht, sie mit einer sog. Negativdefinition begrifflich zu erfassen, wie: „Die Menschenwürde ist verletzt, wenn … Sie gilt prinzipiell dann als verletzt, wenn der Mensch zum bloßen Objekt gemacht wird."

Wird Menschenwürde als Maßstab für eine Entscheidung genommen, verwendet das Gericht diese sog. *Objektformel*. Sie besagt – in Anlehnung an den deutschen Philosophen *Immanuel Kant* (1724–1804) –, dass ein Mensch niemals zum Objekt bzw. zum bloßen Mittel zum Erreichen eines bestimmten Zweckes herabgewürdigt werden darf. Andererseits kann damit nur eine Richtung des richterlichen Ermessens angedeutet werden, denn unvermeidbar ist der Mensch nicht nur selbst entscheidendes und handelndes Subjekt, sondern auch Objekt der gesellschaftlichen Verhältnisse und der Rechtsordnung, der er sich beugen muss.

Eine allgemein oder gar „ewig" geltende Bestimmung der Menschenwürde ist schon deshalb unmöglich, weil die Auffassungen darüber dem Wandel des Zeitgeistes unterliegen, der wiederum von den gesellschaftlichen Umständen bestimmt wird.

Beispiele:

- Sklaverei ist weltweit geächtet, auch wenn dagegen durch Menschenhandel im Zusammenhang mit Prostitution immer wieder verstoßen

wird. Das menschenunwürdige Leben in den Elendslums der Armutsländer wird allerdings millionenfach stillschweigend hingenommen.
- Das Abtasten von Flugpassagieren beim „Check-in" bis in den Intimbereich, früher als unerträgliche Verletzung des Persönlichkeitsrechts betrachtet, wird aus Gründen der Sicherheit täglich tausendfach klaglos geduldet.

Die *Unantastbarkeit* besagt, dass der Mensch gegen Angriffe auf seine Würde abgeschirmt und vom Staat beschützt werden muss.

Beispiele:
- Der selbstverschuldet Obdachlose hat Anspruch auf ein Existenzminimum, das ihm wenigstens erlaubt, wenn auch in bescheidenen Verhältnissen, ein noch gerade menschenwürdiges Dasein zu fristen.
- Der gefährliche Gewohnheitsverbrecher darf bei ansonsten strengen Sicherheitsvorkehrungen nicht wie ein Hofhund mit einer Kette an die Zellenwand angebunden werden.

Die Menschenwürde kann niemals aberkannt werden. Nicht einmal freiwillig kann ein Mensch darauf verzichten.

Beispiel:
Auch aus eigenem Antrieb kann sich niemand zur Leibeigenschaft verpflichten.

Grundrechtsträger
Art. 1 entfaltet seine wichtigste Wirkung in Verbindung mit dem Recht auf Leben. Denn Träger der Menschenwürde kann nur der lebende Mensch sein, auch wenn Verstorbene mit dem Straftatbestand der „Verunglimpfung des Andenkens Verstorbener" (§ 189 StGB) einen gewissen eingeschränkten Schutz genießen.

Grundrechtsträger ist nicht nur die natürliche Person, sondern schon das befruchtete Ei einer Frau. Mit dieser Entscheidung des BVerfG zum Schwangerschaftsabbruch ist der Lebensbeginn definiert worden –

jenseits kontroverser medizinischer, biologischer und philosophischer Diskussionen, bei denen z. B. der Zeitpunkt der Einnistung der befruchteten Eizelle (Nidation) als Lebensbeginn betrachtet wird (näheres dazu in der Kommentierung zu Art. 2 Abs. 2).

An mehreren Problemen entzündet sich die kontroverse Diskussion, welche Konkretisierung der Begriff vor allem in Verbindung mit dem Recht auf Leben (Art. 2 Abs. 2) hat:

1. *Klonen*, also die künstliche, ungeschlechtliche Vermehrung genetisch voll identischer Lebewesen, ist in Deutschland bei Menschen als mit der Menschenwürde absolut unvereinbar verboten.
2. *Präimplantationsdiagnostik* (PID) ist ein medizinisches Verfahren, bei dem ein in der sog. Petrischale befruchtetes Ei auf mögliche Erkrankungen untersucht wird, bevor es in die Gebärmutter (Nidation) eingesetzt oder ggf. beseitigt wird. Nach der derzeitigen Gesetzeslage ist die PID in Deutschland im Prinzip verboten, darf aber angewandt werden, wenn aufgrund der genetischen Veranlagung mit schweren Erbkrankheiten zu rechnen ist. Eine „Zeugung auf Probe", um feststellen zu können, ob das gewünschte Kind etwaige Missbildungen körperlicher oder geistiger Art haben könnte, ist unzulässig.
3. *Folter*. Sie ist die Androhung oder gar Anwendung von körperlichen und/oder schweren psychischen Schmerzen zur Erzwingung einer Aussage. Im *Völkerrecht* ist gemäß Art. 3 der *Europäischen Menschenrechtskonvention*, die auch Deutschland ratifiziert hat, das unmissverständliche absolute Verbot zu finden: „Niemand darf der Folter oder erniedrigender Strafe oder Behandlung unterworfen werden." Das gilt auch für den Kriegs- und Notstandsfall. So herrscht in Deutschland ein generelles und uneingeschränktes Folterverbot, das vom Gesetz her nicht relativiert, also abgeschwächt werden darf. Schon die Androhung verstößt gegen Art. 1 Abs. 1 in Verbindung mit Art. 2 Abs. 2 Satz 1 (s. dort). Damit kann es aber zu einer *Grundrechtskollision* kommen, bei der zwei gleiche bzw. gleichwertige Grundrechte im Widerspruch zueinander stehen. Der

Soziologe *Niklas Luhmann* hat die Problematik des absoluten Verbotes am Beispiel des „Tickingbomb-Szenarios“ zu veranschaulichen versucht.

Beispiel:
Ein Terrorist weigert sich, der Polizei das Versteck der mit einem Zeitzünder versehenen Atombombe zu verraten. Darf, ja muss jetzt nicht wegen der Schutzpflicht des Staates gefoltert werden, um das Leben von vielen Menschen zu retten? Das Grundrecht vieler Menschen auf Leben kollidiert hier mit den Grundrechten des Täters.

Die Problematik der *Rettungsfolter* soll an einem weiteren – in den 1990er Jahren heftig diskutierten – Beispiel, den Fall Daschner veranschaulicht werden:

Beispiel:
Der Frankfurter Polizeivizepräsident Wolfgang Daschner hatte dem verhafteten Entführer des 12-jährigen Jacob von Metzler schmerzhafte Folter angedroht, wenn er nicht das Versteck des Entführten verraten würde. Die Polizei wusste nicht, dass der Junge bereits getötet war, musste aber befürchten, dass er in höchster Lebensgefahr schwebte. Das Frankfurter Landgericht sprach den Polizeichef zwar schuldig, verurteilte ihn aber zu einer fast nur noch symbolischen Strafe: Verwarnung mit Strafvorbehalt. Die Androhung von Schmerzen sei zwar vom Recht nicht gedeckt, aber Daschners Verhalten habe eine „gewisse Nähe zu Rechtfertigungs- oder Entschuldigungsgründen“. Die Verteidigung hatte mit Rettungsfolter argumentiert, die Folterandrohung sollte der Rettung des Kindes, somit zur Abwehr einer gegenwärtigen Gefahr, dienen. Da Staatsanwaltschaft und Verteidigung beide auf die Einlegung von Rechtsmitteln (Berufung, Revision) verzichteten, wurde das Urteil rechtskräftig und wird daher auch nicht dem BVerfG zur endgültigen Wertung der Folterandrohung vorgelegt.

Das Urteil, so milde es in seinem Ergebnis war, hat heftige, kontrovers ausgetragene Diskussionen ausgelöst. Etwas vereinfacht formuliert, kann man die gegensätzlichen Auffassungen auf einen Kernpunkt reduzieren:

Die Würde des Täters mit seinem Anspruch, frei von Folterandrohung seine Aussage machen zu können, steht gegen die schon verletzte Würde des Opfers. Denn zum Zeitpunkt der Vernehmung war der Junge bereits seiner Freiheit beraubt, ein Wesenselement der Freiheit. Dass er bereits tot war, wusste – wie gesagt – die Polizei zu diesem Zeitpunkt nicht und konnte es nicht wissen. Was sie aber den Umständen nach annehmen konnte, war, dass eine unmittelbare Gefährdung von Leib und Leben vorliegt. Damit kollidieren die Rechte des Täters auf Würde mit den Rechten des Opfers auf Würde/Leben.

Die Sichtweise der Vertreter absoluter, niemals und unter gar keinen Umständen relativierbarer Normen, eben des Folterverbots, kommt dabei zu einem unentschiedenen Patt. Legt man aber grundsätzlich die Perspektive fest, dass der rechtstreue Bürger gegenüber dem Unrechtstäter einen vorrangigen Anspruch auf Schutz von Leben und Würde hat, ergibt sich zwingend, dass der Opferschutz vor dem Täterschutz rangieren muss. Dann hat sich die Rechtsordnung im Konfliktfall auf die Seite des Opfers zu stellen, sonst wird Recht zu Unrecht. Ein Staat mit dem Anspruch auf das Strafmonopol verliert seine Legitimation, wenn er diesen strafbewehrten Schutz rechtlich nicht gewähren will.

Tritt der Ernstfall ein, wie etwa ein von Terroristen mit Passagieren entführtes Flugzeug, das offensichtlich für einen Anschlag genutzt werden soll, dann gilt der grundrechtliche Lebensschutz nicht nur den Geiseln an Bord, sondern auch den möglichen Opfern am Boden. Dieser Konfliktfall kann nicht im Vorhinein vom Gesetzgeber gelöst, sondern nur als ungeschriebenes Notstandsrecht durch die rettende Tat des Abschusses selbst gerechtfertigt werden.

Art. 1 Abs. 2 GG – Grundlage menschlicher Gemeinschaft

Das Deutsche Volk bekennt sich darum zu unverletzlichen und unveräußerlichen Menschenrechten als Grundlage jeder menschlichen Gemeinschaft, des Friedens und der Gerechtigkeit in der Welt.

Diese Bestimmung hat eine deklaratorische Bedeutung, d. h. mit ihr wird ein Bekenntnis zu den allgemein anerkannten Menschenrechten abgelegt, wie sie z. B. in der Europäischen Konvention zum Schutze der Menschenrechte und der Grundfreiheiten von 1950 niedergelegt ist. Die Konvention erhält damit allerdings nicht Verfassungsrang.

Der Art. 1 Abs. 2 ist gleichzeitig Teil des Bekenntnisses zum Frieden und zum internationalen Zusammenleben.

Beispiel:
Eine konkrete Folge dieses Bekenntnisses kann u. a. im Verbot des Angriffskrieges gesehen werden.

Art. 1 Abs. 3 GG – Bindung staatlicher Gewalt

Die nachfolgenden Grundrechte binden Gesetzgebung, vollziehende Gewalt und Rechtsprechung als unmittelbar geltendes Recht.

Mit „nachfolgenden Grundrechten“ sind nicht nur die in diesem Buch abgedruckten Grundrechte gemeint, sondern auch die übrigen im GG gegenüber der Staatsgewalt eingeräumten Rechte, z. B. der Anspruch auf rechtliches Gehör.

Der Art. 1 Abs. 3 enthält die sog. *Bindungswirkung*. Mit ihr wird deutlich, dass die individuellen Grundrechte eben nicht nur eine staatliche Absichtserklärung darstellen, sondern geltendes und ständig anzuwendendes Recht sind. Keine der drei Staatsgewalten darf irgendetwas tun oder unterlassen, was im Widerspruch zu den Grundrechten steht. Damit soll z. B. eine willkürliche Verhaftung ebenso ausgeschlossen werden wie die fehlende polizeiliche Hilfe bei einer Geiselnahme.

Der Ausdruck „unmittelbar geltendes Recht“ besagt, dass der Bürger diese Rechte notfalls gerichtlich durchsetzen kann. Die Bindung der Staatsgewalten an die Grundrechte macht den Staat zum sog. *Grundrechtsverpflichteten* gegenüber dem Einzelnen.

> Beispiel:
> Wie konkret die Bindungswirkung des Art. 1 ist, zeigte der Bundesgerichtshof (BGH) in einem Urteil aus dem Jahre 1964. Ein Schulleiter hatte angeblich oder tatsächlich intime Beziehungen zu einer seiner Lehrerinnen unterhalten. Ihr Tagebuch schien dies zu beweisen. Das Landgericht hielt dies als Beweismittel für zulässig. Die oberste Revisionsinstanz, der BGH, aber verwarf das Urteil unter deutlicher Richterschelte. Auch wenn das Tagebuch – wie geschehen – der Behörde unaufgefordert von dritter unberechtigter Seite übermittelt wurde, durfte es nicht im Prozess verwendet werden. In einem solchen Fall hat der „Schutz der Privatsphäre“ Vorrang gegenüber dem Interesse der Strafverfolgung. Zur Menschenwürde gehört gerade auch die Unantastbarkeit des Intimbereichs mit seinen Phantasien, Wünschen, Hoffnungen und Erinnerungen.

Da es prinzipiell keine unmittelbare Drittwirkung der Grundrechte gibt, kann ein Grundrecht keinen selbstständigen Anspruch einer Privatperson gegen eine andere begründen.

> Beispiel:
> Ein Hausbewohner ohne Auto kann nicht unter direkter Berufung auf das Grundrecht der körperlichen Unversehrtheit (Art. 2) den Nachbarn wegen der giftigen Abgase aus dessen Auto verklagen. Wohl aber hat er u. U. ein Recht, vom Staat zu verlangen, dass dieser durch gesetzliche Bestimmungen für hinlänglichen Gesundheitsschutz sorgt, indem etwa nur noch PKW mit emissionsfreien Antrieb zugelassen werden.

Andererseits kann bei Verträgen die sog. mittelbare Grundrechtsbindung wirksam werden. In Verbindung mit §§ 242 und 826 BGB kann von den Grundrechten eine Ausstrahlungswirkung bis zu Privatverträgen durchschlagen, d. h. auch die Vertragsfreiheit wird durch die Grundrechte begrenzt.

Beispiel:
So hat das Bundesarbeitsgericht (BAG) die Kündigung einer muslimischen Verkäuferin in der Parfümerieabteilung eines Kaufhauses, die auch während der Arbeitszeit ein Kopftuch tragen wollte, aufgehoben. Das Recht, den Glauben bekunden zu können, habe Vorrang vor dem vom Kaufhaus vermuteten Umsatzrückgang. Das Urteil stellt einen Eingriff in die Freiheit des Arbeitsvertrages dar, denn grundsätzlich ist es dem Arbeitgeber gestattet, eine Kleiderordnung für die Geschäftszeit vorzuschreiben, z. B. Folkloretracht für das Bedienungspersonal in einem stark von Touristen besuchten Restaurant (vgl. Beispiel zu Art. 4 Abs. 2).

Art. 2 [Persönliche Freiheit]

> Dieser Artikel enthält vier Grundrechte:
> Persönlichkeitsentfaltung
> Leben
> Unversehrtheit
> Freiheit.

Art. 2 Abs. 1 GG – Persönlichkeitsentfaltung, Handlungsfreiheit

Jeder hat das Recht auf die freie Entfaltung seiner Persönlichkeit, soweit er nicht die Rechte anderer verletzt und nicht gegen die verfassungsmäßige Ordnung oder das Sittengesetz verstößt.

Der Art. 2 Abs. 1 wurde zu einem sog. *Haupt- und Auffanggrundrecht*, das alles umfasst, das nicht durch spezielle Grundrechte beschrieben ist. In diesem Artikel sind zwei Rechte miteinander verwoben, die allgemeine *Handlungsfreiheit* und das allgemeine *Persönlichkeitsrecht.* Diese Bestimmung gilt gegenüber den konkret ausformulierten Freiheitsrechten als subsidiär, d. h. sie kommt nur zum Zuge, wenn ein spezielles Freiheitsrecht wie etwa die Meinungsfreiheit nicht zu greifen vermag.
Das *Persönlichkeitsrecht* gewährleistet die Eigenentfaltung und gibt Schutz zur Selbstverwirklichung. Zu den Schutzgütern zählt insbesondere die

- Privat- und Intimsphäre,
- persönliche Ehre und
- *„informationelle Selbstbestimmung"*, d. h. selbst entscheiden zu können, welche personenbezogenen Daten preisgegeben werden dürfen.

Das BVerfG hat am 27. Februar 2008 sozusagen ein *neues Grundrecht* geschaffen, nämlich die „Gewährleistung der Vertraulichkeit und Integrität informationstechnischer Systeme". Online-Durchsuchungen privater Festplatten sind nur in sehr engen Grenzen erlaubt, weil der unantastbare Kernbereich privater Lebensgestaltung geschützt bleiben muss (vgl. Kommentierung zu Art. 10).

Der Schutzbereich dieses Grundrechts hinsichtlich der *Handlungsfreiheit* ist weit gestreckt, nämlich u. a. auf:

- Die Vertragsfreiheit, d. h. frei zu entscheiden, mit wem man welchen Vertrag bei prinzipiell freier inhaltlicher Ausgestaltung abschließen will.
- Die Unternehmens- und Gewerbefreiheit, d. h. es ist jedem überlassen, ob er sich als Selbstständiger betätigen will und welches Gewerbe er ausüben möchte.
- Die Wettbewerbsfreiheit, d. h. das Recht, jederzeit gegen andere Unternehmen auf dem Markt als Konkurrent aufzutreten.
- Die Freiheit der Wahl von Ausbildungs-, Berufs- und Arbeitsplatz einschließlich der Freiheit, „nichts" zu tun.
- Das sexuelle Selbstbestimmungsrecht innerhalb oder außerhalb der Ehe, freie Gattenwahl und freie Entscheidung darüber, ob die Ehe kinderlos bleiben soll oder nicht. Auch homo- und bisexuelles Verhalten gehört zu diesem Freiheitsrecht.
- Die Freiheit, über das eigene äußere Erscheinungsbild selbst zu entscheiden.
- Das Recht, schlicht „in Ruhe gelassen" zu werden, sich weder um Nachbarn noch um öffentliche Belange zu kümmern und z. B. nicht zur Wahl zu gehen.
- Die Freiheit, selbstgefährdende Sportarten zu betreiben, z. B. Drachenfliegen.

Generell wird jedes menschliche Tun oder Unterlassen geschützt, sofern es nicht die Rechte anderer verletzt, gegen die verfassungsmäßige Ordnung oder das Sittengesetz verstößt. Umstritten ist, ob das Grundrecht auch ein Recht zur Selbsttötung enthält

Das GG geht aus von der Gemeinschaftsgebundenheit des Menschen. Das gebietet, die *„Rechte anderer"* zu respektieren.

Beispiel:
Zum Recht auf Persönlichkeitsentfaltung gehört nicht, auf U-Bahn-Stationen rauchen zu dürfen. Ein staatliches oder gemeindliches Verbot ist daher zulässig.

Die wichtigste *Grundrechtsschranke* ist die verfassungsmäßige Ordnung. Darunter ist die Gesamtheit aller Rechtsnormen zu verstehen, somit nicht nur Gesetze, sondern auch Verordnungen, gemeindliche Satzungen und u. U. sogar Gewohnheitsrecht. Allerdings wird diese Schranke wiederum dadurch begrenzt (eine sog. Schranken-Schranke), dass jede Beeinträchtigung dem *Grundsatz der Verhältnismäßigkeit* unterliegt.

Beispiel:
Wer mit seinem Geländewagen quer durch ein Landschaftsschutzgebiet braust, kann sich nicht darauf berufen, auf diese Weise nur seine persönlichkeitsbedingte Abenteuerlust zu entfalten. Auch der besessene Pianist muss die Hausordnung beachten, nach der das Klavierspielen zwischen 12 und 15 Uhr untersagt ist.

Einschränkungen sind auch zulässig, wenn andere Rechtsgüter Vorrang haben.

Beispiel:
Die Pflicht zum Führen eines Fahrtenbuches kann auferlegt werden, wenn nur so der Täter bei Verkehrsdelikten ermittelt werden kann, weil mehrere Personen denselben PKW benutzen. Motorradfahrer können verpflichtet werden, einen Sturzhelm zu tragen. Das Recht, sich selbst gefährdend zu fahren, muss der Pflicht des Staates, Leben zu schützen, weichen.

Art. 2 Abs. 2 GG – Recht auf Leben, körperliche Unversehrtheit

Jeder hat das Recht auf Leben und körperliche Unversehrtheit. Die Freiheit der Person ist unverletzlich. In diese Rechte darf nur auf Grund eines Gesetzes eingegriffen werden.

Auch dieser Absatz enthält sowohl ein *subjektives Abwehrrecht* gegen staatliche Eingriffe wie auch die Pflicht des Staates, den Einzelnen vor rechtswidrigen Eingriffen anderer zu bewahren. Das Recht auf Leben „stellt innerhalb der grundgesetzlichen Ordnung einen Höchstwert dar“ (BVerfG). Ob eine Pflicht besteht, den Einzelnen vor sich selbst zu schützen, ist zweifelhaft, es sei denn, der Betreffende ist nicht mehr in der Lage, selbstverantwortlich zu entscheiden.

> Beispiel:
> Praktische Bedeutung gewinnt diese Frage, wenn entschieden werden muss, ob hungerstreikende Strafgefangene zwangsernährt werden müssen. Weil es kein Grundrecht auf Freitod gibt, kann die Zwangsernährung nicht unzulässig sein. Andererseits ist nicht erkennbar, dass es grundrechtlich geboten ist, einen Menschen, der sich im vollen Bewusstsein der tödlichen Folgen entscheidet, „bis zum Ende“ zu hungern, zwangsweise zu ernähren.

Zum Recht auf Selbstbestimmung im Leben gehört auch das Recht, das eigene auszulöschen: der Freitod oder wie er umgangssprachlich genannt wird, der „Selbstmord“. Dieser Begriff ist schlicht falsch, denn so gut wie nie ist bei der Selbsttötung ein Kriterium des Mordtatbestandes (niedriger Beweggrund, Habgier, Befriedigung des Geschlechtstriebes o. a.) erfüllt.

Nach einem Revisionsurteil des Bundesgerichtshofes (BGH) ist die bisherige stets fragwürdige und unbestimmte Unterscheidung von (verbotener) aktiver und (erlaubter) passiver Sterbehilfe weggefallen. Nun gilt, dass eine geprüfte, auch mündlich gegebene Einwilligung des schwerstkranken Patienten einen Behandlungsabbruch nicht nur durch

Unterlassen, etwa der künstlichen Ernährung, zulässig ist. Erlaubt ist ferner auch ein aktives Tun etwa des Arztes, das zur „Beendigung oder Verhinderung einer nicht mehr gewollten Behandlung dient“. Stets ist aber der Wille des Patienten entscheidend, erkennbar z. B. durch eine Patientenverfügung.

Grundrechtsträger sind alle natürlichen Personen, unabhängig von ihrem körperlichen oder geistigen Zustand. Den nationalsozialistischen Begriff „lebensunwerten“ Lebens kennt das GG nicht. In mehreren Urteilen, letztmals 1993, hat das BVerfG postuliert, dass die „Würde des Menschseins ... auch für das ungeborene Leben im Dasein um seiner selbst willen“ liege. Andererseits gilt das *Selbstbestimmungsrecht* der Frau („mein Bauch gehört mir“). Um diesen Konflikt zu lösen, hat das Gericht die Konstruktion gefunden, dass zwar die Rechtsordnung die Abtreibung grundsätzlich missbilligt, dass aber der Staat keine Strafpflicht habe, wenn einer Frau die Fortsetzung der Schwangerschaft nicht zugemutet werden kann. Gesetzlich gültig ist nun die Regelung, dass ein Schwangerschaftsabbruch innerhalb der ersten drei Monate straffrei bleibt, wenn sich die Frau zuvor hat beraten lassen.

Grundsätzlich gibt es keine Abstufung in der Zuerkennung der menschlichen Würde im Prozess des werdenden Lebens. Mit der Verschmelzung von Samen und Eizelle bildet sich ein neues, eigenständiges Lebewesen. Deswegen steht die Regelung zum Schwangerschaftsabbruch in einem schwer verständlichen Gegensatz zu der im Prinzip verbotenen PID, nach der ggf. das im Reagenzglas befruchtete Ei vernichtet werden kann (s. Kommentierung zu Art. 1 Abs. 1). *Vor* der Einnistung in die Gebärmutter darf das keimende Leben nicht zerstört werden; *nach* der Nidation darf jedoch innerhalb von drei Monaten nach Beratung straffrei abgetrieben werden, auch wenn dies von der Rechtsordnung „grundsätzlich missbilligt“ wird.

Die Pflicht zum Schutz des Lebens gebietet, dass notfalls das Leben eines Menschen ausgelöscht werden darf (und muss!), wenn dieser rechtswidrig ein anderes Leben bedroht. Auch damit wird deutlich, dass bei der Güterabwägung – Lebensschutz des Täters oder des Opfers – der Rechtsschutz des Opfers Vorrang genießt.

Beispiel:
Der gezielte Todesschuss, auch finaler Rettungsschuss genannt, ist der Polizei dann erlaubt, wenn nur auf diese Weise das Leben der bedrohten Geiseln geschützt werden kann.

Mit seinem Urteil zum Luftsicherheitsgesetz hat das BVerfG das Recht auf Leben zu einem individuellen Absolutheitsanspruch erhoben, der jede Relativierung ausschließt. Jedes Menschenleben ist gleichwertig unabhängig von Alter, Geschlecht, Berufsstand und Leistung.

- Das menschliche Leben „ist die vitale Basis der Menschenwürde als tragendem Konstitutionsprinzip und oberstem Verfassungswert".
- Diese Würde besitzt jeder Mensch ohne Rücksicht auf seinen körperlichen oder geistigen Zustand und seiner voraussichtlichen Lebensdauer – etwa wegen der wahrscheinlich nur noch kurzen Lebensdauer der Passagiere in dem zur Waffe umfunktionierten Flugzeug.
- Der öffentlichen Gewalt ist es mithin verboten, die Subjektqualität des Menschen in Frage zu stellen, indem sie ihn zum Objekt staatlichen Handelns macht.
- Die Absolutheit des Lebensanspruchs jedes Individuums erlaubt es auch nicht, eine mengenmäßige Aufrechnung – etwa 90 Fluggäste gegen 1000 vermutlich am Boden Getötete – vorzunehmen.
- Die Terroristen selbst hingegen dürfen unter bestimmten Umständen getötet werden, ohne dass ihre Menschenwürde dadurch verletzt wird, im Gegenteil: Der „Subjektstellung" des Angreifers entspricht es gerade, dass ihm „die Folgen seines selbstbestimmten Verhaltens persönlich zugerechnet werden" und er damit für sein Tun „in Verantwortung genommen wird".
- Ob tatsächlich kein Abschussbefehl erteilt wird, wenn ein von Terroristen zur Bombe umfunktioniertes Flugzeug – in dem sich auch einige unschuldige Passagiere befinden – auf ein voll besetztes Fußballstadion zurast, muss für einen hoffentlich nie eintretenden zukünftigen Fall offen bleiben. Das BVerfG verbietet nur und kann nur verbieten, einen solchen Abschuss gesetzlich im Voraus vorsorglich zu regeln.

„Körperliche Unversehrtheit“ meint Gesundheit im physiologischen Sinne. Nicht geklärt ist, ob dazu auch geistig-seelisches Wohlbehagen gehört; ganz sicher zählt dazu das Recht auf Schmerzfreiheit. Ist der körperliche Eingriff gering, liegt keine Grundrechtsverletzung vor.

> Beispiel:
> Die Anordnung der Bundeswehr über die zulässige Höchstlänge des Kopfhaares war nicht grundrechtswidrig.

Die Schutzpflicht zur Unversehrtheit kann es gebieten, dass die öffentliche Hand z. B. Vorkehrungen gegen Straßenlärm ergreift. Art und Ausmaß der Schutzpflicht unterliegen allerdings erheblichen Ermessensspielräumen, bei denen konkurrierende Verfassungsaufträge beachtet werden müssen.

> Beispiel:
> Tieffluglärm kann eine gesundheitliche Beeinträchtigung zur Folge haben, andererseits können Tiefflüge zur Erfüllung der verfassungsmäßigen Grundentscheidung zur bewaffneten Landesverteidigung geboten sein.

Geschieht der körperliche Eingriff mit offener oder stillschweigender Billigung des Betroffenen, liegt keine Grundrechtsverletzung vor.

> Beispiel:
> Die Operation an einem ohnmächtigen, schwerverletzten Opfer eines Verkehrsunfalls erfolgt grundrechtskonform, weil unterstellt wird, dass der körperliche Eingriff dem mutmaßlichen Willen des Verletzten entspricht.

Freiheitsrecht

Das Recht auf Freiheit der Person hat eine lange Tradition, die bis zur *Habeas Corpus* (lat. wörtlich = Du mögest den Körper haben) 1679 in England zurückreicht. Diese Freiheit hat einen so hohen Wert, dass nur aus besonders wichtigen Gründen in sie eingegriffen werden darf.

Dabei ist der generell für alle staatliche Gewaltausübung gültige *Grundsatz der Verhältnismäßigkeit* besonders sorgfältig zu beachten. Je länger die Freiheitsentziehung oder Beeinträchtigung dauert, desto gravierender müssen die Gründe dafür sein.

Die lebenslange Haft eines gefährlichen Straftäters ist kein grundrechtswidriger Freiheitsentzug oder ein Verstoß gegen die Menschenwürde, auch wenn grundsätzlich ein Verurteilter „eine konkrete und realisierbare Chance“ haben muss, wieder in die Freiheit entlassen zu werden.

> Beispiel:
> Ein 1940 geborener Täter war 1974 wegen Mordes an einer jungen Frau zu lebenslanger Haft verurteilt worden, wobei auf eine besondere Schwere der Schuld erkannt wurde. Der Täter als Beschwerdeführer (er hatte über seinen Anwalt beim BVerfG Beschwerde wegen Grundrechtsverletzung eingelegt) kam im Jahre 2000 in den offenen Vollzug. An seinem ersten Tag sprach er ein 13-jähriges Mädchen an und versuchte, intime Fragen nach dessen Sexualleben zu stellen.

Die Gerichte lehnten es daraufhin ab, ihn zur Bewährung zu entlassen. Das sei, so befand das BVerfG, angesichts der Gefährlichkeit des Mannes eine nachvollziehbare Entscheidung und deshalb rechtens.

> Beispiel:
> - Ein Ladendieb mit festem Wohnsitz, dessen Schuld offenkundig ist, darf nicht in Untersuchungshaft genommen werden; wohl aber ein Mordverdächtiger, bei dem wegen der zu erwartenden hohen Strafe Fluchtgefahr besteht.
> - Acht Stunden lang umstellte die Polizei eine Menschengruppe (sog. „Hamburger Kessel“), darunter auch Unbeteiligte und Kinder, um auf diese Weise einer möglichen Störung der öffentlichen Ordnung und Sicherheit vorzubeugen. Die Aktion war ein grundrechtswidriger Eingriff in die Personenfreiheit.

In alle Rechte des Art. 2 Abs. 2 darf nur aufgrund eines sog. *förmlichen Gesetzes* eingegriffen werden, Gewohnheitsrecht reicht nicht aus.

Art. 3 [Gleichheit vor dem Gesetz]

> Der allgemeine Gleichheitsgrundsatz, wie er in Abs. 1 formuliert ist, gehört zu den elementaren Verfassungsprinzipien. Er ist eine aus dem Naturrecht abgeleitete Grundnorm. Da Freiheit und Würde jedem Menschen gebühren, sie somit insoweit gleich sind, ist ihre prinzipielle Gleichbehandlung nur folgerichtig.
> Die Absätze 2 und 3 sind lediglich Konkretisierungen dieses Grundsatzes..

Art. 3 Abs. 1 GG – Gleichheitsgrundsatz

Alle Menschen sind vor dem Gesetz gleich.

Die Bestimmung enthält das Verbot, einen Menschen willkürlich zu behandeln, z. B. nach der Sympathie, die er bei einem Beamten erweckt. Sie verbietet aber nicht eine Ungleichbehandlung von wesentlich Ungleichem. Im Gegenteil: Eine solche Gleichbehandlung wäre im Ergebnis eine ungleiche Behandlung.

Beispiel:
Eine aus einem fixen Geldbetrag bestehende Kopfsteuer auf jeden Einwohner des Landes würde bedeuten, dass eine arme Familie mit drei Kindern das Fünffache im Vergleich zu einem reichen Junggesellen zahlen müsste.

Das BVerfG hat die private Vermögensteuer (nicht die Steuer auf deren Erträge!) – unterstellend, dass Vermögen aus korrekt versteuertem Einkommen gebildet wird – im Prinzip als unvereinbar mit dem *Gleichbehandlungsgebot* angesehen. Das Geldvermögen kann ja auch niedrig verzinst auf ein Sparbuch gelegt oder sogar unter der Matratze aufbewahrt werden. „Wer sein Talent, durch Arbeit Erträge zu erzielen, brachliegen lässt, wird … nicht besteuert. Wer hingegen sein Vermögen ungenutzt lässt, wird so behandelt, als habe er Erträge erzielt.“ Der

Art. 3 Abs. 1 zwingt den Gesetzgeber aber nicht, auf jeden Fall Ungleiches auch ungleich zu behandeln. Gesetze dürfen generalisieren, pauschalieren und typisieren, sonst müsste der Gesetzgeber jeden einzelnen Fall individuell behandeln.

> Beispiel:
> Die gebührenpflichtige Verwarnung (Bußgeld) für den im Halteverbot parkenden PKW ist gleich hoch, egal ob es sich dabei um einen fabrikneues oder um einen abwrackreifes Auto handelt.

Ungleichheiten müssen berücksichtigt werden, wenn sie bedeutsam sind. Der Gesetzgeber ist z. B. nach einem Urteil des BVerfG verpflichtet, „bei steter Orientierung am Gerechtigkeitsdenken Gleiches gleich und Ungleiches seiner Eigenart entsprechend zu behandeln“. So ist z. B. eine unterschiedliche Behandlung von Staatsbürgern und Ausländern bei bestimmten Rechten, wie etwa beim Wahlrecht, zulässig und geboten.

Der *Gleichbehandlungsgrundsatz* gilt auch für die rechtsprechende und vollziehende Gewalt. Ein Gesetz muss von der Exekutive ohne Ansehen der Person angewandt werden, wenn es nicht selbst die sachlich gebotene Ungleichbehandlung zulässt oder gar vorschreibt.

> Beispiel:
> Eine Trunkenheitsfahrt muss gleich geahndet werden, es darf keinen „Bonus“ dafür geben, dass etwa der Täter ein bekannter und angesehener Bürger ist. Aber die Festsetzung unterschiedlicher Einkommensteuerbeträge aufgrund der nach dem Einkommen durch Gesetz gestaffelten Einkommensteuertabelle ist ein sachlich notwendiger Differenzierungsgrund.

Art. 3 Abs. 1 schafft aber keinen Anspruch auf Gleichbehandlung im Unrecht.

Beispiel:
Wer wegen Geschwindigkeitsübertretung gestoppt wird, kann sich nicht darauf berufen, dass die Polizei an der betreffenden Stelle, etwa einer Autobahnbrücke, bisher viele Fahrer unbehelligt durchrasen ließ.

Art. 3 Abs. 2 GG – Gleichbehandlung der Geschlechter

Männer und Frauen sind gleichberechtigt. Der Staat fördert die tatsächliche Durchsetzung der Gleichberechtigung von Frauen und Männern und wirkt auf die Beseitigung bestehender Nachteile hin.

Diese Vorschrift räumt der Frau den Anspruch auf Gleichstellung ein, verbietet andererseits aber auch eine Benachteiligung des Mannes. Biologische Gründe können aber eine unterschiedliche Behandlung zwingend gebieten.

Beispiel:
Verbot körperlicher Schwerstarbeit für Frauen wie etwa Untertagearbeit im Bergbau, Kündigungsschutz der werdenden Mutter, aber nicht des Vaters.

Verfassungsrechtlich problematisch kann die sog. *Quotenregelung* sein. Wenn eine Frau nur deshalb in den Vorstand einer politischen Partei gewählt wird, um den satzungsmäßig vorgeschriebenen Anteil von Frauen zu erfüllen (sog. *positive Diskriminierung*), kann eine Verletzung des Gleichbehandlungsgrundsatzes vorliegen. Auch Männer haben Anspruch auf Gleichbehandlung!

Beispiele:
Die frühere Nichtzulassung der Männer zur Hebamme wurde aufgehoben. Eine Feuerwehrdienstpflicht nur für Männer ist gleichfalls nicht statthaft.

Satz 2 des Abs. 2 wurde erst 1994 eingefügt, nachdem die höchstrichterliche Rechtsprechung aus dem ursprünglichen, rein rechtlichen Diskriminierungsverbot ein *Gleichberechtigungsgebot* entwickelt hatte, das sich auch auf die gesellschaftliche Wirklichkeit erstrecken soll. Es sollen damit tatsächliche Nachteile, die typischerweise Frauen betreffen, durch Begünstigungen ausgeglichen werden. Zu beachten ist, dass der Satz nur die Förderung der *faktischen Chancengleichheit* zum Ziel hat, nicht aber die paritätische Besetzung beruflicher Positionen. Frauenquoten im öffentlichen Dienst sind generell verfassungsrechtlich unzulässig, weil das Bundesbeamtengesetz Einstellungen und Beförderungen „ohne Rücksicht auf das Geschlecht" verlangt. Ausnahmsweise sind aber Differenzierungen aus der Natur der Sache möglich, wenn etwas typischerweise nur bei Frauen auftreten kann, z. B. ein durch Schwangerschaft gebotener Arbeitsschutz.

Art. 3 Abs. 3 GG – Diskriminierungsverbot

Niemand darf wegen seines Geschlechtes, seiner Abstammung, seiner Rasse, seiner Sprache, seiner Heimat und Herkunft, seines Glaubens, seiner religiösen oder politischen Anschauungen benachteiligt oder bevorzugt werden. Niemand darf wegen seiner Behinderung benachteiligt werden.

Dieser Absatz ist lediglich eine nähere Ausformulierung des allgemeinen Gleichheitsgrundsatzes. Es gilt die genannte Interpretationsregel, dass wesentlich Ungleiches ungleich und wesentlich Gleiches gleich zu behandeln ist.

Beispiel:
Es ist ein Unterschied, ob ein 18-jähriger Heranwachsender als Erstdelikt ein Auto „klaut" oder die Tat von einem erfahrenen Mitglied einer Bande begangen wird, die sich auf Autodiebstähle spezialisiert hat.

Berufliche Nachteile, die aus mangelnden Deutschkenntnissen entstehen, sind gleichfalls kein Verstoß gegen den Gleichbehandlungsgrundsatz.

Keine Diskriminierung liegt bei der sog. indirekten Benachteiligung vor.

> Beispiel:
> Türkische Mitbürger haben das Recht, ihre eigene Sprache zu pflegen, aber keinen Anspruch darauf, dass auch ihr Sprachgut neben Deutsch zur Amtssprache wird.

Der 1994 angefügte letzte Satz des Abs. 3 hat keine eigenständige Bedeutung hat mehr eine *Appellfunktion*, weil Abs. 1 schon immer eine Benachteiligung allein wegen der *Behinderung* rechtlich ausgeschlossen hat. Selbstverständlich ist damit nicht gemeint, dass ein Mensch mit Behinderung Anrecht auf jede Tätigkeit hat, die nur ein Gesunder ausüben kann. Die Behinderung muss ihn zur Ausübung ganz bestimmter Tätigkeiten ungeeignet machen, nicht aber darf die Behinderung schlechthin ein Grund zur Einstellungsablehnung sein.

> Beispiel:
> Ein ständig auf den Rollstuhl angewiesener Querschnittsgelähmter kann nicht verlangen, als Streifenpolizist eingesetzt zu werden, wohl aber kann er geeignet sein, als Kriminalbeamter Wirtschaftsdelikte nach Aktenlage aufzuspüren.

Art. 4 [Glaubens- und Bekenntnisfreiheit]

Es existiert zwar in Deutschland keine Staatskirche, dennoch hat das GG nur eine gemäßigte Trennung von Staat und Religionsgemeinschaften vollzogen, die auch ein System der „hinkenden Trennung“ genannt wird.

Art. 4 Abs. 1 GG – Glaubens- und Bekenntnisfreiheit

Die Freiheit des Glaubens, des Gewissens und die Freiheit des religiösen und weltanschaulichen Bekenntnisses sind unverletzlich.

Die *Glaubens- und Bekenntnisfreiheit* erstreckt sich nicht nur auf die religiöse Überzeugung, sondern auch auf weltanschauliche Ansichten bis hin zum Atheismus. Denn Glaube ist ein Oberbegriff und schließt eine Gottesvorstellung ebenso ein wie ein rein naturwissenschaftliches Erklärungsmodell von der Entstehung der Welt und ihrem Ablauf. Dieses *Jedermannsrecht* – d. h. nicht nur für Deutsche gültige Grundrecht – gebietet gleichzeitig, dass der Staat bei prinzipiell weltanschaulicher Neutralität dieses Grundrecht schützen, z. B. Moslems bei der Verrichtung ihres Abendgebetes gegen Störungen durch Christen beistehen muss. Die Bekenntnisfreiheit schließt auch die sog. negative Glaubensfreiheit ein. Dazu gehört vor allem das Recht, nichts zu glauben oder sein Bekenntnis zu verschweigen.

Beispiel:
Der Personalbogen eines Bewerbers darf nicht die Frage nach der Religionszugehörigkeit enthalten. Andererseits ist das Finanzamt wegen der Kirchensteuerpflicht berechtigt, danach zu fragen.

In einem 1995 verkündeten Urteil des BVerfG wurde in einer staatlich angeordneten Anbringung eines Kreuzes oder Kruzifixes bereits ein Verstoß gegen die grundgesetzlich gebotene negative *Religionsfreiheit* gesehen.

Der Kerngedanke des Urteils ist, ein Kreuz im Klassenzimmer setze die Kinder unter einen geistig-moralischen Druck, sie müssten „unter dem Kreuz“ lernen. Da die Pflichtschule ein Monopolanspruch des Staates sei, könne das Kind dem missionarischen Charakter des Kreuzes nicht ausweichen und deshalb müsse das Kreuz entfernt werden. Das Urteil hat zu besonders scharfer Urteilsschelte geführt. Die Kritik hebt vor allem hervor, dass das Kreuz mehr als nur ein religiös gefärbtes Symbol des christlichen Abendlandes sei, es sei Teil seiner 2000-jährigen Geschichte, die nicht verleugnet werden kann und deshalb von jedermann in einem öffentlichen Raum hinzunehmen sei.

Der Freistaat Bayern hat das Problem so gelöst, dass man das Urteil zwar „respektiere“, seinem Inhalt aber nicht genau folge, denn in einem Landesgesetz wurde bestimmt, dass das Kreuz in allen Klassenzimmern bleiben muss. Widerspricht ein Erziehungsberechtigter, soll der Schulleiter nach Möglichkeit eine gütliche Einigung herbeiführen, misslingt diese, hat das Schulamt eine Regelung zu treffen, die auch den Willen der Mehrheit berücksichtigt. Mit dem „Kreuzerlass“ in öffentlichen Gebäuden im Jahr 2018 führt Bayern diese Ansicht fort.

Großes publizistisches Echo löste im Herbst 2003 der „Kopftuchstreit“ aus. Das Land Baden-Württemberg hatte es abgelehnt, eine muslimische Lehrerin als Beamtin in den Staatsdienst zu übernehmen, weil diese sich weigerte, im Unterricht ihr Kopftuch abzulegen. Fast unversöhnlich standen sich zwei Rechtspositionen gegenüber: Die Minderheit sah in dem Verbot, dass eine Lehrerin im Unterricht ein Kopftuch trägt, einen Verstoß gegen das Recht zum ungestörten Religionsbekenntnis und einen Eingriff in das persönliche Freiheitsrecht (vgl. Art. 2 Abs. 1). Die Mehrheitsmeinung hielt dagegen das Verbot für gerechtfertigt. Das Kopftuch sei mehr als ein Bekleidungsstück, nämlich ein religiöses Symbol, welches das Recht der Schüler auf negative Glaubensfreiheit tangiere, weil sie sich von diesem religiösen Bekenntnis gegen ihren Willen und den der Eltern beeinflusst fühlen könnten. Zudem drücke es eine Haltung aus, die der Wertordnung des Grundgesetzes entgegenstehe.

Das BVerfG urteilte in seiner – auf den ersten Blick salomonischen – knappen Mehrheitsentscheidung (5:3) vom 24. September 2003, dass ein solches Verbot einen so schwerwiegenden Eingriff in die Persönlichkeitsrechte darstelle, dass dieser nur auf landesgesetzlicher Grundlage und nicht durch eine Behördenentscheidung vorgenommen werden darf. Das Kopftuchtragen als „Eignungsmangel" für eine Einstellung als Beamtin zu werten, bedarf eines Gesetzes. Ob grundsätzlich ein Verbot zulässig sei, ließ das Gericht offen.

Inzwischen hat Baden-Württemberg ein Gesetz erlassen, das alle „politischen, religiösen, weltanschaulichen Bekundungen", welche die Neutralität gefährden können, untersagt. Andere Länder zogen nach. In Hessen dürfen sogar alle Beamtinnen im Dienst kein Kopftuch tragen.

Art. 4 Abs. 2 GG – Religionsausübung

Die ungestörte Religionsausübung wird gewährleistet.

Jedermann ist berechtigt, aber niemand ist verpflichtet, an einer religiösen Andacht oder Handlung teilzunehmen. Glaubensfreiheit ist mehr als bloßes (passives) Tolerieren, sondern schließt die äußere Freiheit zu bekennen und seinen Glauben zu verbreiten ein. Deshalb sind auch kultische Handlungen und Gebräuche geschützt wie liturgisches Glockenläuten, Prozessionen, Beerdigungszeremonien, der Bau eines Minaretts und der davon ertönende Muezzin-Gebetsruf u. v. a. Das Recht auf freie Religionsausübung findet aber seine Grenzen in den allen Grundrechten innewohnenden sog. *immanenten Schranken.*

Beispiele:
Körperliche Misshandlung in religiösen Sekten, religiös motiviertes Verbot von Bluttransfusionen bei lebensgefährlichen Erkrankungen, wenn z. B. Eltern auf diese Weise die Lebensrettung ihres Kindes verhindern.

Art. 4 Abs. 3 GG – Kriegsdienstverweigerung

Niemand darf gegen sein Gewissen zum Kriegsdienst mit der Waffe gezwungen werden. Das Nähere regelt ein Bundesgesetz.

Die Bundesrepublik Deutschland ist der einzige Staat der Welt, der das Recht auf *Kriegsdienstverweigerung* als unabdingbares Grundrecht der Gewissensentscheidung für jedermann in der Verfassung verankert hat.

Das Recht auf Kriegsdienstverweigerung schließt das Recht ein, schon im Frieden den Waffendienst abzulehnen. Es wäre deshalb besser, von einem Recht auf *Kriegswaffendienst-Verweigerung* zu sprechen. Der Begriff „Waffe“ ist weit auszulegen.

Beispiel:
Unter Dienst „mit der Waffe“ fallen z. B. auch der LKW-Transport von Munition, die Ausbildung am Radarschirm zum Orten feindlicher Flugzeuge oder das Essenkochen für die Besatzung einer Fregatte.

Die Kriegsdienstverweigerung ist geregelt in Zusammenhang mit dem Ersatzdienst (vgl. Art. 12a Abs. 2). Mit der Aussetzung der Wehrpflicht (s. Kommentierung zu Art. 12a) erübrigen sich nähere Erläuterungen zur Verweigerung. Die Bestimmung ist praktisch obsolet geworden.

Art. 5 [Freie Meinungsäußerung]

Der Artikel umfasst acht selbstständige Grundrechte: Meinungsfreiheit, Informationsfreiheit, Pressefreiheit, Freiheit der Berichterstattung durch Rundfunk einschließlich Fernsehen und Film sowie Kunst- und Wissenschaftsfreiheit.

Art. 5 Abs. 1 GG – Meinungs-, Presse-, Informationsfreiheit

Jeder hat das Recht, seine Meinung in Wort, Schrift und Bild frei zu äußern und zu verbreiten und sich aus allgemein zugänglichen Quellen ungehindert zu unterrichten. Die Pressefreiheit und die Freiheit der Berichterstattung durch Rundfunk und Film werden gewährleistet. Eine Zensur findet nicht statt.

Der Begriff „Meinung" ist weit gefasst. Zu ihm gehören die Werturteile (= Meinungen im engeren Sinne) und „Tatsachenbehauptungen, jedenfalls ... wenn sie Voraussetzung für die Bildung von Meinungen sind" (BVerfG). Meinungen sind stets subjektiv, Tatsachen objektiv. Eine erwiesene oder bewusst falsche *Tatsachenbehauptung* ist nicht von Art. 5 gedeckt, z. B. wahrheitswidrige statistische Angaben.

Beispiel:
In einem Leserbrief heißt es: „Der Minister Jäger ist völlig unfähig, weil er mit seinen 80 Jahren viel zu alt ist für sein Amt." Tatsächlich ist der Minister aber gerade erst 60 geworden. Es liegt somit eine erweislich falsche Tatsachenbehauptung vor. Der Betroffene kann verlangen, dass die Altersangabe öffentlich korrigiert wird. Dagegen ist das Werturteil „Unfähigkeit" vom Grundrecht auf Meinungsfreiheit geschützt und braucht nicht widerrufen zu werden.

Das Gleiche gilt für ein unrichtiges Zitat bzw. die eigene Meinung als Zitat eines anderen auszugeben. Wohl aber ist die irrtümliche Tatsachenbehauptung geschützt. Da sich ohnedies Meinungen fast stets auf die Grundlage von mindestens vermuteten Tatsachen gründen, steht praktisch jede Äußerung unter dem Schutz des GG. Es gilt die sog. *Vermutungsregel* zugunsten der Meinungsfreiheit.

Dieses *Jedermannsrecht* ist zunächst ein Abwehrrecht gegen Eingriffe der öffentlichen Gewalt. Es schließt aber auch die Verpflichtung des Staates ein, Meinungsäußerungen zu schützen. Meinungen sind vor allem Werturteile über Tatsachen und Vorgänge. Es ist dabei unerheblich, ob eine Meinung objektiv falsch oder richtig, begründet oder unbegründet ist und ob sie rational oder emotional geäußert wird.

> Beispiel:
> Der völlig unkontrollierte, wütende Ausruf: „Das ist doch Wahnsinn!" eines verärgerten Verkehrsteilnehmers gegenüber Polizisten, die sein verbotswidrig geparktes Fahrzeug abschleppen lassen, ist durch Art. 5 ebenso geschützt wie eine angebliche „Beweisführung", dass die Welt am nächsten Sonntag untergehe.

Dagegen schließt Meinungsfreiheit auch das Recht ein, die eigene Meinung zu verschweigen (sog. negative *Meinungsfreiheit*).

Auch ein Aufruf zum Boykott gegen ein Unternehmen kann nach Art. 5 Abs. 1 gerechtfertigt sein, wenn damit nicht eigene wirtschaftliche Interessen verfolgt werden, sondern Belange der Allgemeinheit.

> Beispiel:
> Bäcker Meyer darf nicht zum Boykott des Geschäftes seines Konkurrenten Müller aufrufen, weil dieser – angeblich oder tatsächlich, das ist in diesem Zusammenhang völlig unerheblich – die Brötchen teurer verkauft. Sehr wohl aber darf eine Tierschutzorganisation die Bürger öffentlich auffordern, keine Nerzmäntel mehr zu kaufen.

Die *Informationsfreiheit* steht als selbstständiges Grundrecht neben der Meinungsfreiheit und hat gleichfalls einen hohen Verfassungsrang.

Beispiel:
Der Vermieter eines Gebäudes muss seinem ausländischen Mieter gestatten, eine Parabolantenne für den Empfang von Satellitenfernsehen anzubringen. Das Grundrecht auf Informationsfreiheit des Mieters überwiegt das Eigentumsrecht des Vermieters.

Informationsquelle kann alles sein, was einem nicht nur individuell bestimmten Personenkreis zugänglich sein kann.

Beispiel:
Der Rundbrief an die 20 Mitglieder eines Schachclubs ist keine allgemeine Informationsquelle, wohl aber eine Broschüre, die von jedermann erworben werden kann, und sei der Absatz noch so gering.

Behördenakten zählen nicht zu allgemeinen Informationsquellen. Sind sie aber, auf welche Weise auch immer, an die Öffentlichkeit gelangt, darf sich jeder daraus informieren.

Beispiel:
Ein als „geheim" eingestuftes Dokument wird von einem untreuen Beamten an die Presse weitergeleitet. Diese veröffentlicht es.

Freie Presse ist ein „Wesenselement des freiheitlichen Staates und für die moderne Demokratie unentbehrlich". *Pressefreiheit* genießt übrigens auch der Leserbriefschreiber und – mit gewissen Einschränkungen – auch der Inserent.

Im Prinzip gilt die Freiheit der Presse auch für Rundfunk und Fernsehen. Mit „Zensur" ist zunächst vor allem die Vorzensur gemeint. Aber auch eine Nachzensur, bei der eine Veröffentlichung nachträglich einer Behörde vorgelegt werden muss, ist unzulässig. Wohl aber darf nachträglich kontrolliert werden, ob eine Publikation einen Rechtsverstoß enthält.

Beispiel:
Die Staatsanwaltschaft ist berechtigt und verpflichtet (!), ein Flugblatt politischer Extremisten zu überprüfen, ob darin ein Aufruf zu einer strafbaren Handlung enthalten ist, wie etwa eine Aufforderung zum Mord an einem politischen Gegner.

Auch Werkszeitungen, die von der Betriebsleitung herausgegeben werden, genießen den Schutz der Pressefreiheit, die auch den Anonymitätsschutz der Informanten einschließt. Ebenso darf jedes Presseorgan „Schriften Dritter" anonym veröffentlichen.

Art. 5 Abs. 2 GG – Grenzen der Meinungsfreiheit

Diese Rechte finden ihre Schranken in den Vorschriften der allgemeinen Gesetze, den gesetzlichen Bestimmungen zum Schutze der Jugend und in dem Recht der persönlichen Ehre.

Wie alle Grundrechte gilt auch das der Meinungsfreiheit nicht absolut und unbegrenzt. Seine Schranken sind:

1. Die *allgemeinen Gesetze*, worunter alle Gesetze zu verstehen sind, die sich nicht gegen eine Meinungsäußerung richten, sondern dem Schutz eines Rechtsgutes dienen.

   Beispiel:
   Man kann jederzeit und überall gegen die hohen Steuern „wettern", aber nicht zur Steuerhinterziehung aufrufen.

2. Das *Jugendschutzgesetz*, das nicht nur Beschränkungen rechtfertigt, sondern auch als staatlicher Schutzauftrag zu verstehen ist.

Beispiel:
Vertriebsbeschränkungen wie etwa Verbot von Alkoholausschank an Kinder und Werbeverbote für jugendgefährdende Schriften, die z. B. Gewaltanwendung verherrlichen.

3. Der *Schutz der persönlichen Ehre*, der allerdings durch die Rechtsprechung des BVerfG sehr eingeengt worden ist, weil „gegen das Äußern einer Meinung nur in äußersten Fällen eingegriffen werden“ darf.

Beispiele:
Im Rahmen einer politischen Diskussion über die Nachrüstung durfte ein Offizier ein „potenzieller Mörder“ genannt werden. Im weithin Aufsehen erregenden „Soldatenurteil“, hatte das BVerfG als zulässig erkannt, dass ein Kriegsdienstverweigerer einen Aufkleber mit dem Tucholsky-Zitat „Soldaten sind Mörder“ öffentlich verwenden durfte.

Das juristische Problem besteht in der sog. *Kollektivbeleidigung*. Nicht nur Einzelpersonen sind „beleidigungsfähig“, sondern auch Personengruppen; aber nur, wenn sie abgrenzbar sind. Deshalb wäre ein Aufkleber „Deutsche Soldaten sind Mörder“ eine strafbare Beleidigung und vom Grundrecht dieses Artikels nicht mehr gedeckt.

Das Recht auf Meinungsfreiheit schließt aber generell die *Schmähkritik* und *Formalbeleidigung* (z. B. Verwendung von abwertenden Tiernamen wie Schwein, Ratte, Rindvieh) nicht ein. Bei ihr ist bereits aus der Wortwahl erkennbar, dass nicht eine Meinung kritisiert, sondern ein Mensch in seiner Person verletzt werden soll.

Beispiel:
Gestattet ist: „Ihre klare Ansicht, Herr Professor, ist von keinerlei Sachkenntnis getrübt.“ Nicht aber: „Sie sind ein Esel!“ – obwohl in beiden Fällen dasselbe gemeint sein könnte.

Einschränkungen gibt es auch für Arbeitnehmer: Grundsätzlich sind auch kritische Äußerungen am Betriebsablauf oder an der Firmenleitung erlaubt. Sie dürfen aber nicht die „betriebliche Ordnung" nachhaltig stören, sonst ist eine (auch fristlose) Kündigung möglich. Ähnlich unterliegen besonders Beamte einem generellen Mäßigungsgebot.

Art. 5 Abs. 3 GG – Kunst- und Wissenschaftsfreiheit, Lehre

Kunst und Wissenschaft, Forschung und Lehre sind frei. Die Freiheit der Lehre entbindet nicht von der Treue zur Verfassung.

Was Kunst ist, kann nicht definiert werden. Praktisch gehört dazu jede freie schöpferische Gestaltung, in der Visionen, Erlebnisse, Eindrücke in irgendeiner Form veranschaulicht werden, wie Sprache, Musik, Bild, Mauerwerk, Plastik. Unter Umständen genügt es, um etwas als Kunst zu werten, dass der Urheber sein Werk selbst als Kunstwerk betrachtet.

Das BVerfG hat die Grenzen der Kunstfreiheit sehr weit gezogen, was selbst Pornografie, sofern sie in ein künstlerisches Konzept eingebaut ist, z. B. der anonyme Roman der *Josefine Mutzenbacher*, noch nicht jugendgefährdend macht. *Kunstfreiheit* gilt als schutzbedürftiger denn *Jugendschutz*. Die Schranken des Abs. 2 des Art. 5 gelten eben nicht für die Kunst- und Wissenschaftsfreiheit.

Beispiele:
Satirische Äußerungen sind durch die Kunstfreiheit so weit gedeckt, dass sogar die Verballhornung der Nationalhymne oder das Urinieren auf die Bundesflagge Grundrechtsschutz genießen können. Ein querschnittsgelähmter Reserveoffizier der Bundeswehr darf in einer satirischen Zeitschrift als „geb. Mörder" bezeichnet werden.

Auch der Begriff *Wissenschaft* ist schwer zu definieren. Am ehesten nähert man sich ihm, wenn man auf wissenschaftliche Verfahrensweisen abhebt: Strikte Rationalität ohne gefühlsbetontes Meinen, systematische Darstellung des Wissensstoffes, Beweisführung, Offenheit für Kritik, Nachprüfbarkeit der Ergebnisse und Bereitschaft die gefundenen Resultate zu revidieren, denn jede Wahrheitserkennung ist stets nur eine vorläufige.

Als *Lehre* ist nur die wissenschaftliche Lehre zu verstehen, nicht dagegen der Schulunterricht. *Forschung* hingegen ist grundsätzlich frei.

Beispiel:
Ein Lehrer in einer Schule muss nach dem gültigen Lehrplan unterrichten und darf nicht lehren, was ihm wichtig erscheint.

Die eingeforderte Verfassungstreue nach Art. 5 Abs. 3 verbietet jedoch nicht die wissenschaftliche Kritik an der Verfassung, wohl aber den Kampf gegen die freiheitliche demokratische Grundordnung.

Art. 6 [Ehe, Familie, uneheliche Kinder]

> Der Art. 6 ist ein Fundamentalgrundrecht zum institutionellen Schutz von Ehe und Familie. Damit sichert sich das Gemeinwesen seinen Fortbestand, denn für keinen Staat, für keine Gesellschaft kann Kinderlosigkeit Programm und Zukunftsvorstellung sein

Art. 6 Abs. 1 GG – Schutz von Ehe, Familie

Ehe und Familie stehen unter dem besonderen Schutze der staatlichen Ordnung.

Mit dem Ausdruck „besonderer Schutz" soll Art. 6 Abs. 1 gegenüber Art. 1 Abs. 3 als die Spezialnorm charakterisiert werden. Geschützt wird nur die staatlich anerkannte, d. h. unter Beachtung der gesetzlichen Formvorschriften (Standesamt) geschlossene Ehe, darunter fällt auch die nach ausländischem Recht geschlossene Ehe, unabhängig davon, ob es sich um eine Ehe zwischen Deutschen oder Ausländern handelt. Sie muss aber in ihrem Wesen der inländischen Ehe entsprechen. Nicht verfassungsrechtlich geschützt sind dagegen eheähnliche Lebensgemeinschaften, nur religiös vorgenommene Trauungen, es sei denn, dass diese Trauungen in jenem Staat staatlich anerkannt sind.

Zur Familie gehört nicht die frühere Großfamilie, sondern nur die im 19. Jahrhundert entstandene Kleinfamilie aus Eltern und deren Kindern, wozu allerdings auch Stief-, Adoptiv- und Pflegekinder gehören.

Bei Nicht-EU-Ausländern kann der Schutz der Familie als „Beistandsgemeinschaft" den Nachzug der Kinder aufgrund des Abs. 1 rechtfertigen (*Familienzusammenführung*). EU-Bürger haben wegen ihrer *Unionsbürgerschaft* sowieso ein unbegrenztes Aufenthaltsrecht.

Art. 6 Abs. 2 GG – Elternverantwortung

Pflege und Erziehung der Kinder sind das natürliche Recht der Eltern und die zuvörderst ihnen obliegende Pflicht. Über ihre Betätigung wacht die staatliche Gemeinschaft.

Das GG gebraucht hier zum ersten Mal den Begriff „Pflicht". Beides – Recht und Pflicht der Eltern – bildet die Elternverantwortung. Mit dem leicht altertümlichen Ausdruck „zuvörderst" will der Verfassungsgeber ausdrücken, dass in erster Linie die Eltern die Erziehungsverantwortung haben, dazu kommen – zunehmend mit wachsendem Alter des Kindes – auch andere Organisationen wie Schule, Kirche, Jugendverbände usw.

Elterliche Verantwortung, „Pflege und Erziehung" umfasst die:

- Sorge für das körperliche und seelisch-geistige Wohl, wozu auch Bildung und Ausbildung gehören.
- Bestimmung des Aufenthaltsortes, in der Regel der Hauptwohnsitz der Familie; aber die Eltern haben auch das Recht, das Kind von Dritten erziehen zu lassen, z. B. in einem Internat.
- Verwaltung des Kindesvermögens und Finanzierung seines Unterhaltes.

Mit fortschreitendem Kindesalter nehmen die Elternrechte nach und nach ab und erlöschen mit Vollendung des 18. Lebensjahres völlig.

> Beispiel:
> Selbst ein 12-jähriges Kind darf nicht gezwungen werden, etwa bei Religionswechsel der Eltern, einen anderen Glauben anzunehmen als den, zu dem es bisher erzogen wurde. Ab einem Alter von 14 Jahren kann es seine Religion selbst wählen (*Religionsmündigkeit*).

Befindet sich das Kind noch in Ausbildung oder Studium, bleiben die Unterhaltspflichten auch nach Erreichen der Volljährigkeit (18 Jahre) weiter bestehen.

Die staatliche Gemeinschaft wacht darüber, ob Eltern ihren Erziehungspflichten in grob fahrlässiger oder vorsätzlicher Weise nicht nachkommen, z. B. durch die Jugendämter (s. gleich Abs. 3).

Die beiden Elternteile sind bei der Ausübung ihres Sorgerechts grundsätzlich gleichberechtigt. Die Eltern sind verpflichtet, sich um eine Einigung, z. B. über die geeigneten Erziehungsmaßnahmen, zu bemühen. Erst wenn keine Einigung erzielt werden kann, trifft das Familiengericht auf Antrag eines Elternteiles eine Entscheidung, welcher Teil in der strittigen Frage befugt sein soll. Dabei soll das Wohl des Kindes ausschlaggebend sein.

Art. 6 Abs. 3 GG – Staatliches Wächteramt

Gegen den Willen der Erziehungsberechtigten dürfen Kinder nur auf Grund eines Gesetzes von der Familie getrennt werden, wenn die Erziehungsberechtigten versagen oder wenn die Kinder aus anderen Gründen zu verwahrlosen drohen.

Der Staat übt hier im Interesse des Kindes das Wächteramt aus. Er darf aber nur – wiederum unter Wahrung des allgemeinen Grundsatzes der Verhältnismäßigkeit – eingreifen, wenn die Eltern „versagen", d. h. ihrer Elternverantwortung nicht nachkommen können oder wollen. Eine „Verwahrlosung" ist auch ohne elterliche Pflichtverletzung möglich, z. B. bei Rauschgiftabhängigkeit, von der die mühevoll sorgenden Eltern u. U. gar nichts wissen.

Beispiel:
Unter Berufung auf das Elternrecht verweigerten die einer Sekte angehörenden Eltern ihrem Kind die lebensrettende Bluttransfusion. Gestützt auf Art. 1 in Verbindung mit Art. 2 wurde der Eingriff dennoch vorgenommen, weil die staatliche Grundrechtsverpflichtung – Schutz des Lebens – Vorrang vor Art. 6 hat.

Art. 6 Abs. 4 GG – Schutz der Mutter

Jede Mutter hat Anspruch auf den Schutz und die Fürsorge der Gemeinschaft.

Beispiele:
Einen umfassenden Schutz genießt die werdende Mutter generell im Arbeitsrecht. (Arbeitsschutz, Mutterschutz, Kündigungsverbote)

Art. 6 Abs. 5 GG – Gleichstellung unehelicher Kinder

Den unehelichen Kindern sind durch die Gesetzgebung die gleichen Bedingungen für ihre leibliche und seelische Entwicklung und ihre Stellung in der Gesellschaft zu schaffen wie den ehelichen Kindern.

Das nicht eheliche Kind ist nicht von vornherein dem ehelichen rechtlich gleichgestellt. Die verfassungsrechtliche Festlegung, dass die Ehe sozusagen der *geborene Ort* für Geburten sein soll, erlaubt dies nicht. Aber den nicht ehelichen Kindern müssen die gleichen Chancen wie den ehelichen gegeben werden. Das kann z. B. bedeuten, dass die staatliche finanzielle Förderung eines in einer Ersatzfamilie aufwachsenden nicht ehelichen Kindes größer als die eines ehelichen sein kann. Eine völlige Rechtsgleichheit stünde einer solchen Begünstigung im Wege, ein Fall der erlaubten sog. *positiven Diskriminierung*.

Art. 7 [Schulwesen]

Art. 7 regelt den staatlichen Erziehungsauftrag. Dies ist kein Grundrecht, sondern eine Organisationsregel.

Art. 7 Abs. 1 GG – Schulwesen

Das gesamte Schulwesen steht unter der Aufsicht des Staates.

Schulwesen ist der Sammelbegriff für alle Einrichtungen, die dauerhaft und nach einem Programm (Lehrplan) eine mehr als nur ganz spezielle Ausbildung anstreben. Deshalb fallen Kosmetikschulen, Fahrschulen, Reitschulen u. a. nicht unter den Art. 7, auch wenn sie sich „Schulen" nennen. Gleichfalls gehören nicht dazu die Universitäten, andere Hochschulen und die Volkshochschulen, desgleichen auch nicht Kindergärten, weil diese keinen Unterricht erteilen.

Der Begriff Schulaufsicht umfasst die *Rechts-, Fach- und Dienstaufsicht*, schließt somit die Befugnis ein, die notwendigen gesetzlichen Regelungen zu treffen und ihre Einhaltung zu überwachen, Ausbildungsgänge, Unterrichtsziele und -inhalte festzulegen und die Disziplinargewalt über die beschäftigten Lehrkräfte auszuüben. Zu dieser Befugnis zählt auch die Entscheidung darüber, welche Bücher im Unterricht verwendet werden und welche als (kostenlose) *Lehr- und Lernmittel* für die Schule und die Schüler angeschafft werden dürfen.

Beispiel:
Dieses Buch z. B. darf zwar generell an allen Schulen verwendet werden. Es kann aber nicht im Rahmen der Lehr- und Lernmittelfreiheit auf Kosten der öffentlichen Hand bezogen werden, sondern muss von den Schülern und Lehrkräften selbst bezahlt werden. Ein Verstoß gegen Art. 5 liegt darin nicht, denn die öffentliche Verbreitung wird nicht behindert.

Damit ist eine Ablehnung des Staates gegen geschichtlich geformte kirchliche Herrschaftsansprüche über die Schule formuliert. Es gibt keine kirchliche, sondern nur eine staatliche Schulaufsicht (Grundsatz der Weltlichkeit der Schule). Auch private *Ersatzschulen* (Abs. 4) unterliegen der Staatsaufsicht, was z. B. zu einem unangemeldeten Besuch einer Unterrichtsstunde durch einen staatlich Beauftragten berechtigt.

Aufsicht des Staates meint nicht nur Kontrolle, sondern schließt Organisation, Planung, Leitung, Lehrplanvorgaben und Prüfungssystem ein. Andererseits ist der Staat verpflichtet, öffentliche Schulen einzurichten, ein besonderer Anspruch auf einen bestimmten Schultyp besteht aber nicht.

Der in Art. 7 Abs. 1 niedergelegte staatliche Erziehungsauftrag steht dem elterlichen Erziehungsrecht in Art. 6 Abs. 2 gleich. Eine *allgemeine Schulpflicht* ist deshalb mit oder auch gegen das Elternrecht vereinbar – und mit dieser Begründung auch durchsetzbar.

Art. 7 Abs. 2 GG – Teilnahme am Religionsunterricht

Die Erziehungsberechtigten haben das Recht, über die Teilnahme des Kindes am Religionsunterricht zu bestimmen.

Die Bestimmung leitet sich unmittelbar aus dem Erziehungsrecht der Eltern ab, ist aber wegen der *Religionsmündigkeit* eingeschränkt (s. Bemerkung zu Art. 6 Abs. 2). So darf kein Kind gegen den Willen der Eltern bzw. ab 14 Jahre gegen seinen eigenen Willen zur Teilnahme am Religionsunterricht gezwungen werden.

Art. 7 Abs. 3 GG – Garantie des Religionsunterrichts

Der Religionsunterricht ist in den öffentlichen Schulen mit Ausnahme der bekenntnisfreien Schulen ordentliches Lehrfach. Unbeschadet des staatlichen Aufsichtsrechtes wird der Religionsunterricht in Übereinstimmung mit den Grundsätzen der Religionsgemeinschaften erteilt. Kein Lehrer darf gegen seinen Willen verpflichtet werden, Religionsunterricht zu erteilen.

Die Regelung durchbricht den Grundsatz der Trennung von Staat und Kirche.

Religion ist ein versetzungsrelevantes ordentliches Lehrfach, unbeschadet des Rechts, sich vom Religionsunterricht abzumelden bzw. von den Eltern abmelden zu lassen. Eltern, Schüler und Religionsgemeinschaften haben einen Anspruch, dass der Staat die Möglichkeit zum Religionsunterricht schafft und die Kosten dafür trägt. Bei ausreichender Schülerzahl muss auch nichtchristlicher Religionsunterricht geboten werden, z. B. islamischer. Den staatlichen Organen steht gegenüber den Religionslehrern nur die Disziplinargewalt zu, nicht aber die Fachaufsicht über die Lehrinhalte. Diese ist Sache der Religionsgemeinschaften.

> Beispiel:
> Ein Schulleiter kann einen Religionslehrer zur Rechenschaft ziehen, wenn dieser wiederholt seinen Unterricht zu spät beginnt, aber er hat kein Weisungsrecht, wenn dieser ein Jahr lang z. B. nur „Sinnfragen" behandelt, worunter er in freier Auslegung des kirchlichen Lehrplanes vor allem Sexualkunde versteht.

Das Verbot, Lehrer gegen ihren Willen zum Religionsunterricht zu verpflichten, folgt wiederum unmittelbar aus dem Recht der Bekenntnisfreiheit (Art. 4 Abs. 1).

Die Gemeinschaftsschulen können ein überkonfessionelles Schul- oder Klassengebet anbieten, die Teilnahme daran muss aber freiwillig sein.

Ausnahmen von der Garantie des Religionsunterrichts bestehen im Land Bremen, Berlin und Brandenburg.

Art. 7 Abs. 4 GG – Recht auf Gründung von Privatschulen

Das Recht zur Errichtung von privaten Schulen wird gewährleistet. Private Schulen als Ersatz für öffentliche Schulen bedürfen der Genehmigung des Staates und unterstehen den Landesgesetzen. Die Genehmigung ist zu erteilen, wenn die privaten Schulen in ihren Lehrzielen und Einrichtungen sowie in der wissenschaftlichen Ausbildung ihrer Lehrkräfte nicht hinter den öffentlichen Schulen zurückstehen und eine Sonderung der Schüler nach den Besitzverhältnissen der Eltern nicht gefördert wird. Die Genehmigung ist zu versagen, wenn die wirtschaftliche und rechtliche Stellung der Lehrkräfte nicht genügend gesichert ist.

Die Bestimmung ist eine Absage an das staatliche Schulmonopol. Somit können auch andere Träger, Kirchen, Verbände, z. B. Gewerkschaften u. a., Schulen einrichten. Diese gelten als Privatschulen. Davon gibt es grundsätzlich drei Typen:

- Die *anerkannte Ersatzschule*. Sie ist berechtigt, eigene Schulprüfungen unter staatlicher Aufsicht durchzuführen und ist den öffentlichen Schulen praktisch gleichgestellt.
- Die (nur) *genehmigte Ersatzschule*. Die Schüler dieser Schulen müssen ihre Prüfungen vor einem vom Staat eingesetzten Prüfungsausschuss ablegen bzw. an einer öffentlichen Schule – Schulfremdenprüfung. Der Besuch dieser Ersatzschule gilt als Erfüllung der Schulpflicht.
- Die *Ergänzungsschule*. Das sind Schulen, die das staatliche Schulangebot ergänzen, d. h. es gibt keine öffentliche Schule dieses Typs, z. B. eine private spezielle Musikschule.

Der Staat ist zur finanziellen Förderung der Ersatzschulen verpflichtet, vom privaten Schulträger bzw. den Schülern (Eltern) wird aber eine Eigenleistung erwartet.

Art. 7 Abs. 5 GG – Zulassung von privaten Volksschulen

Eine private Volksschule ist nur zuzulassen, wenn die Unterrichtsverwaltung ein besonderes pädagogisches Interesse anerkennt oder, auf Antrag von Erziehungsberechtigten, wenn sie als Gemeinschaftsschule, als Bekenntnis- oder Weltanschauungsschule errichtet werden soll und eine öffentliche Volksschule dieser Art in der Gemeinde nicht besteht.

Die öffentlichen Volksschulen haben Priorität vor den privaten, die nur in Ausnahmefällen zugelassen werden und praktisch bedeutungslos sind.

> Beispiel:
> Ein privater Schulträger will eine Schule einrichten, in der geprüft werden soll, ob z. B. der Fachunterricht mehrsprachig erteilt werden kann.

Art. 7 Abs. 6 GG – Vorschulen

Vorschulen bleiben aufgehoben.

Vorschulen waren bis 1919 den Gymnasien vorgeschaltete Grundschulen für die „höheren Stände“. Schon die Weimarer Reichsverfassung von 1919 beseitigte diesen Schultyp. Das GG hat lediglich bekräftigen wollen, dass es dabei bleibt.

Art. 8 [Versammlungsfreiheit]

> Dieses Grundrecht umfasst das Recht, Ort, Zeitpunkt, Art und Thema einer Versammlung selbst zu bestimmen. Sie muss nicht an einem bestimmten Ort abgehalten werden, weshalb Demonstrationszüge auch zu den Versammlungen zählen.
> Die Versammlungsfreiheit ist einerseits Teil der freien Persönlichkeitsentfaltung, andererseits eine Möglichkeit zur Einflussnahme auf die politische Willensbildung.

Art. 8 Abs. 1 – Versammlungsfreiheit

Alle Deutschen haben das Recht, sich ohne Anmeldung oder Erlaubnis friedlich und ohne Waffen zu versammeln.

Im Extremfall können schon zwei Personen eine Versammlung im Sinne dieses Grundrechts darstellen; entscheidend ist ihre innere Verbindung mit der Bereitschaft zum gemeinsamen Handeln. Menschenmassen allein, wie etwa bei Volksfesten, Besuch von Kinos und Theatern, stellen noch keine Versammlung dar, allerdings kann sich aus der Ansammlung spontan eine Versammlung entwickeln. Für diese sog. *Spontandemonstrationen* entfällt die Anmeldepflicht.

Beispiel:
Dreihundert junge Menschen kommen zu einem Benefizkonzert einer bekannten Rockgruppe zugunsten eines tatsächlich oder vermeintlich zu Unrecht inhaftierten Farbigen. Nach Ende des Konzerts formiert sich spontan ein Demonstrationszug zur Botschaft dessen Staates und fordert lautstark „Freiheit für ...!".

Als Grundrecht steht die Versammlungsfreiheit nur Deutschen zu, aber in Übereinstimmung mit der Europäischen und der UN-Menschenrechtskonvention erlaubt das Versammlungsgesetz allen Menschen, sich friedlich und ohne Waffen zu versammeln. Friedlich ist eine Versammlung dann, wenn von ihr keine „Gewalttätigkeiten oder aggressive Ausschreitungen gegen Personen oder Sachen" ausgehen. Waffe kann jeder Gegenstand sein, der dazu bestimmt und geeignet ist, einem anderen Verletzungen beizufügen.

Beispiel:
Ein Klappmesser, eine Schleuder oder ein Schlagring können Waffen sein, nicht dagegen ein Schutzhelm oder Ähnliches.

Eine Vermummung als „passive Bewaffnung" zu bezeichnen ist deshalb irreführend.

Art. 8 Abs. 2 – Beschränkung bei Veranstaltungen im Freien

Für Versammlungen unter freiem Himmel kann dieses Recht durch Gesetz oder auf Grund eines Gesetzes beschränkt werden.

Von Versammlungen in geschlossenen Räumen – als solche gelten alle, in die man nur durch Türen einzutreten vermag – kann selten eine Gefahr für die öffentliche Sicherheit und Ordnung ausgehen. Die Polizei braucht deshalb von ihnen nichts zu wissen. Anders ist es dagegen bei Versammlungen unter freiem Himmel, zu denen alle Formen der Demonstration gehören. Sie müssen 48 Stunden zuvor beim Amt für öffentliche Ordnung (Polizei) angemeldet werden. Sie bedürfen keiner Genehmigung, allerdings kann die Polizei Auflagen erteilen.

Beispiel:
Will ein Demonstrationszug ausgerechnet in der Hauptverkehrszeit die wichtigsten Straßen benutzen, um so z. B. gegen die als zu hoch empfundenen Fahrpreise der öffentlichen Verkehrsmittel zu demonstrieren, so kann die Polizei den Zug umleiten, um ein Verkehrschaos zu vermeiden.

Grundsätzlich aber müssen Teilnehmer im öffentlichen Straßenverkehr Behinderungen hinnehmen, wenn diese nach den Umständen und dem Zweck der Demonstration unvermeidbar sind.

Maßgebend ist die Güterabwägung. Das Verfassungsrecht auf Versammlungsfreiheit kollidiert hier mit dem Recht der Nichtdemonstranten auf Bewegungsfreiheit.

In seiner Rechtsprechung hat das BVerfG den Begriff der „Eilversammlung" eingeführt. Für Eilversammlungen gilt zwar auch die Anmeldepflicht, doch darf die 48-Stunden-Frist unterschritten werden. Eine solche auch *Eildemonstration* genannte, kurzfristig unter freiem Himmel anberaumte Versammlung ist unverzüglich anzumelden, sobald die Möglichkeit dazu besteht.

Eine Versammlung, gleichgültig ob in geschlossenen Räumen oder unter freiem Himmel, von der Gewalttätigkeiten ausgehen oder bei der zum Rechtsbruch aufgerufen wird, kann von der Polizei aufgelöst werden, wenn nur so die öffentliche Ordnung und Sicherheit gewährleistet werden kann.

Auch bloße Ansammlungen großer Menschenmassen, z. B. bei einem Fußballspiel, sind keine Versammlungen im Sinne des Art. 8. Die Versammlung muss auf die Teilhabe an der öffentlichen *Meinungsbildung* zielen, die nicht nur als Nebensache erfolgt.

Beispiele:

- Wird bei einer Tanzveranstaltung gelegentlich über das Mikrofon eine Wahlempfehlung gegeben, so überwiegt doch der Unterhaltungscharakter und die Veranstaltung ist somit keine Wahlversammlung.
- Auch bei der bekannten Love-Parade überwiegt der Spaßcharakter, trotz einiger mitgeführter politischer Parolen.

Die Versammlungsfreiheit steht eingeschränkt auch Minderjährigen zu. Für Soldaten gelten die Grundrechtseinschränkungen des Art. 17a, aufgrund derer die Teilnahme in Uniform untersagt ist und in Krisenzeiten grundsätzlich verboten werden kann.

Art. 9 [Vereinigungsfreiheit]

Die Verfassungsbestimmung enthält ein Doppelgrundrecht. Es besteht einmal aus dem individuellen Recht der Handlungsfreiheit, und zum anderen ist der Verein selbst Träger von Grundrechten, so auch der Vereinigungsfreiheit. Mehrere Vereine können sich zu Dachorganisationen zusammenschließen, wie z. B. die Landesfußballverbände zum Deutschen Fußballbund.

Art. 9 Abs. 1 – Vereinigungsfreiheit

Alle Deutschen haben das Recht, Vereine und Gesellschaften zu bilden.

Vereine und Gesellschaften lassen sich unter dem Oberbegriff *Vereinigungen* subsumieren. Eine solche ist ein auf Dauer angelegter freiwilliger Zusammenschluss natürlicher oder juristischer Personen zur Verfolgung eines gemeinsamen Zweckes. Dabei ist es unerheblich, ob der Verein rechtsfähig (e. V.) ist oder nicht, ob es sich um eine ideelle Vereinigung handelt, etwa ein Verein zur Rettung der Menschheit, oder um eine gewinnorientierte Gesellschaft wie eine AG, GmbH usw. Keine Vereinigung im Sinne des Art. 9 Abs. 1 sind soziale Gruppen, z. B. die Familie oder Gesinnungsgemeinschaften wie etwa Vegetarier, und „Bewegungen“, obwohl die Grenzen fließend sein können. Für Kirchen und Parteien, wiewohl Letztere begrifflich Vereine sind, gelten Sonderregelungen, z. B. Art. 21.

Die Vereinigungsfreiheit gilt als Grundrecht nur für Deutsche, ist aber durch die Europäische Menschenrechtskonvention und das Vereinsgesetz auch Ausländern zugestanden.

Der Art. 9 hat eine erhebliche *Drittwirkung*, d. h. er gilt auch zwischen einzelnen Privatpersonen und dem betreffenden Verein. So darf ein Verein den Aufnahmeantrag einer Person nicht willkürlich ablehnen. Auch die freie Entscheidung, auszutreten oder nicht beizutreten, muss gewährleistet sein, sog. *negative Vereinsfreiheit*.

Beispiel:

- Der Gesangsverein „Frohsinn“ darf einen Aufnahmeantrag nicht deshalb ablehnen, weil der Bewerber vor Jahren im Gesangsverein „Liederkranz“ gesungen hat.
- Ein Sportverein darf ein Mitglied, das ordnungsgemäß gekündigt hat, nicht mit einer Geldstrafe belegen. Sollte in der Vereinssatzung eine solche Bestimmung stehen, wäre diese nichtig.

Art. 9 Abs. 2 – Schranke: Strafbarer Zweck

Vereinigungen, deren Zwecke oder deren Tätigkeit den Strafgesetzen zuwiderlaufen oder die sich gegen die verfassungsmäßige Ordnung oder gegen den Gedanken der Völkerverständigung richten, sind verboten.

Verboten sind:

1. Vereinigungen, deren Zweck oder Tätigkeit gegen die allgemeinen Strafgesetze verstoßen;

   Beispiel:
   Der Verein „Trickreich“ schult seine Mitglieder in der Kunst des Taschendiebstahls.

2. Vereinigungen, die gegen die verfassungsmäßige Ordnung verstoßen (s. Kommentierung zu Art. 18);

   Beispiel:
   Der „Spartakus-Verein“ setzt sich die Errichtung einer Rätedemokratie zum Ziel.

3. Vereinigungen, die der Völkerverständigung zuwiderlaufen;

   Beispiel:
   Die Gesellschaft „Nurdeutsch“ fordert, dass in Deutschland nur Deutsche ihren Wohnsitz nehmen dürfen.

Das Verbot wird von der zuständigen Verwaltungsbehörde ausgesprochen, die auch den Vollzug vornimmt.

Art. 9 Abs. 3 – Koalitionsfreiheit im Arbeits-/Wirtschaftsbereich

Das Recht, zur Wahrung und Förderung der Arbeits- und Wirtschaftsbedingungen Vereinigungen zu bilden, ist für jedermann und für alle Berufe gewährleistet. Abreden, die dieses Recht einschränken oder zu behindern suchen, sind nichtig, hierauf gerichtete Maßnahmen sind rechtswidrig. Maßnahmen nach den Artikeln 12a, 35 Abs. 2 und 3, Artikel 87a Abs. 4 und Artikel 91 dürfen sich nicht gegen Arbeitskämpfe richten, die zur Wahrung und Förderung der Arbeits- und Wirtschaftsbedingungen von Vereinigungen im Sinne des Satzes 1 geführt werden.

Die von Abs. 3 erfassten Vereinigungen werden als *Koalitionen* bezeichnet. Zur Koalition gehören drei Voraussetzungen:

1. Sie muss auf Dauer angelegt sein.
2. Ihr Zweck ist die Wahrung und Förderung der Arbeitsbedingungen, wozu Arbeitszeit, Lohnhöhe, Arbeitsschutz u. Ä. zählen.
3. Sie muss *gegnerfrei* sein, d. h. unabhängig von der Gegenseite, und zu ihren Mitgliedern darf niemand gehören, gegen den sich ihre Interessen richten.

> Beispiel:
> Als Arbeitgeber kann der Personalchef eines Automobilkonzerns nicht Mitglied in der Arbeitnehmerorganisation der IG Metall sein. Unter diesem Gesichtspunkt ist die Mitgliedschaft hoher Repräsentanten der öffentlichen Hand in der Gewerkschaft ver.di problematisch, die bei Lohnverhandlungen im öffentlichen Dienst die Arbeitgeberseite vertreten.

Die *Koalitionsfreiheit*, die auch Ausländern zusteht, ist ein Spezialfall der allgemeinen Vereinsfreiheit; auch hier gilt das *Negativrecht*, damit auch die Freiheit, einer solchen nicht beizutreten. Es darf prinzipiell kein erheblicher Druck ausgeübt werden, um die Mitgliedschaft zu erzwingen.

Beispiel:
Sicherlich dürfen Arbeitskollegen versuchen, einen Arbeitnehmer zu überreden, der Gewerkschaft beizutreten. Unerlaubt aber wäre eine Drohung, wie sie im Bergbau früher üblich war, dass ihm bei Weigerung bald „eine Spitzhacke ins Kreuz fliegen" würde.

Kein Arbeitnehmer darf bei Einstellung, Entlassung oder Entlohnung bevorzugt oder benachteiligt werden, ob er Gewerkschaftsmitglied ist oder nicht. Eine Absprache der Arbeitnehmerorganisation mit einzelnen Unternehmen – in Großbritannien früher üblich und als „closed shop" bezeichnet – nur Gewerkschaftsmitglieder einzustellen, wäre ein schwerer Verfassungsverstoß. Hier greift die sog. Drittwirkung der Grundrechte deutlich in die Gestaltung der Beziehungen zwischen Privaten ein.

Lange war umstritten, ob der Art. 9 Abs. 3 auch Arbeitskämpfe grundrechtlich schützt, d. h. Streik und Aussperrung. Erst mit der *Notstandsverfassung* von 1968 wurde der dritte Satz Abs. 3 angehängt und damit das Recht auf Arbeitskämpfe grundgesetzlich indirekt garantiert. Streiks sind aber nur zulässig, wenn sie z. B. um Verbesserungen der Einkommens- und Arbeitsbedingungen geführt werden, nicht jedoch aus politischen Gründen.

Beispiel:
Eine Gewerkschaft kann nach Ablauf des Tarifvertrages und Scheitern der Tarifverhandlungen einen Streik ausrufen; nicht aber, weil sie mit dem neu gewählten Regierungschef nicht einverstanden ist. Ausnahme: Ist die staatliche Ordnung gemäß Art. 20 gefährdet, ist auch ein politisch begründeter großer Streik (Generalstreik) als Widerstandsrecht zulässig.

Beamte und Soldaten genießen das Koalitionsrecht nur eingeschränkt, ein Streikrecht steht ihnen nicht zu. Ebenso kann für Arbeitnehmer in Kirchen, z. B. Pfarrer, das Streikrecht eingeschränkt sein. Auch ein Streik in großen Presseunternehmen kann rechtswidrig sein, wenn dadurch die öffentliche Meinungsbildung (Art. 5 Abs. 1) erheblich gestört wird.

Mangels einer gesetzlichen Regelung ist nach einem Urteil des BVerfG aus dem Jahre 1993 ein Einsatz von Beamten auf bestreikten Arbeitsplätzen unzulässig, weil sich damit der öffentliche Arbeitgeber einen Vorteil verschafft, den der private nicht besitzt, denn er kann niemanden anweisen, auf solchen Arbeitsplätzen zu arbeiten.

Art. 10 [Brief- Post-, Fernmeldegeheimnis]

Nach dem Wortlaut „Brief-, Post- und Fernmeldegeheimnis" könnte es sich um drei Grundrechte handeln. Tatsächlich aber begründet Art. 10 ein einheitliches Grundrecht, nämlich das der vertraulichen Kommunikation. Es handelt sich um eine Spezialvorschrift zu Art. 2 Abs. 1, die damit Vorrang hat.
Art. 10 hat eine generelle Ausstrahlungswirkung auf das Privatrecht. Nach der Privatisierung der Post- und Telekommunikationsdienste gilt der Schutzbereich weiterhin gegen alle von außen erfolgende staatliche Eingriffe.

Art. 10 Abs. 1 – Recht auf vertrauliche Kommunikation

Das Briefgeheimnis sowie das Post- und Fernmeldegeheimnis sind unverletzlich.

Das *Briefgeheimnis* schützt jede schriftliche Nachricht, die in einem verschlossenen Umschlag von einer Person zur anderen oder an einen bestimmten Kreis von Menschen gerichtet wird, unabhängig von der Schrift- und Vervielfältigungsart. Das Abwehrrecht richtet sich gegen den Staat, hat aber auch eine mittelbare Drittwirkung.

Beispiel:
Ein Arbeitgeber kann zwar verbieten, dass mit der Frankiermaschine der Firma auch Privatbriefe freigestempelt werden. Er darf aber solche Briefe nicht auf Verdacht hin öffnen, um auf diese Weise zu kontrollieren, ob sein Verbot befolgt wird.

Das *Postgeheimnis* reicht weiter als das *Briefgeheimnis* i. e. S. Es erstreckt sich auf die körperliche Übermittlung von Nachrichten und Gütern auf postalischem Wege, und zwar von der Aufgabe beim Beförderer bis zur Ablieferung beim Empfänger. Es gilt somit auch für Karten, Drucksachen und Pakete. Geschützt ist sowohl der Inhalt als auch bereits die Tatsache der Übermittlung selbst.

Beispiel:
Der Briefträger darf nicht – schon von weitem mit der Karte winkend – rufen: „Herr Müller, Ihr Sohn hat die Prüfung bestanden!“ und ebenso wenig darf er dem Ehemann mitteilen, dass seine Frau regelmäßig „Post aus Amerika“ erhält.

Das *Fernmeldegeheimnis* schützt die Übertragung von Nachrichten durch unkörperliche Signale, d. h. elektrische und elektromagnetische, optische, funktechnische sowie analoge oder digitale. Richtigerweise kann bereits von einem Telekommunikationsgeheimnis gesprochen werden. Es sichert die Vertraulichkeit aller Übertragungen im Fernmeldeverkehr, d. h. Telefon, Telegramm, Fernschreibverkehr und „moderner“ Kommunikationsmittel wie Standleitungen bei Computern, Teletext, Telefax und Bildschirmtext.

Beispiel:
Der Behördenchef kann zwar verbieten, dass von den Dienstapparaten Privatgespräche geführt werden. Er darf aber nicht mit einer Abhöranlage die Befolgung seiner Weisung kontrollieren.

Art. 10 Abs. 2 – Schranke: gesetzliche Anordnung

Beschränkungen dürfen nur auf Grund eines Gesetzes angeordnet werden. Dient die Beschränkung dem Schutze der freiheitlichen demokratischen Grundordnung oder des Bestandes oder der Sicherung des Bundes oder eines Landes, so kann das Gesetz bestimmen, daß sie dem Betroffenen nicht mitgeteilt wird und daß an die Stelle des Rechtsweges die Nachprüfung durch von der Volksvertretung bestellte Organe und Hilfsorgane tritt.

Ursprünglich enthielt der Abs. 2 nur den ersten, an sich selbstverständlichen Satz, nach dem z. B. das Telefon eines unter Mordverdacht Stehenden ohne dessen Wissen abgehört werden darf. Ein solch schwerer Eingriff in das Grundrecht bedarf aber der richterlichen Anordnung. Wenn das Abhören von einem Staatsanwalt angeordnet wurde, weil Gefahr im Verzuge war, so besteht eine richterliche Nachprüfbarkeit.

Mit der Notstandsverfassung von 1968 ist in das Grundrecht durch den zweiten Satz dieses Absatzes in nicht unbedenklicher Weise eingegriffen worden. In den hier genannten Tatbeständen entfällt die richterliche Nachprüfbarkeit und an ihre Stelle tritt ein Parlamentsausschuss (das sog. *G-10-Gremium*) und kontrolliert die Rechtmäßigkeit. Der Betroffene muss nur dann nachträglich unterrichtet werden, wenn damit der Überwachungszweck nicht gefährdet wird.

Das Gesetz zur *Vorratsdatenspeicherung* – also die auch anlasslose massenhafte Speicherung von Verbindungsdaten (Telefon, Telefax, Mails) bis zu sechs Monaten (auch wenn der Inhalt der Mitteilung nicht erfasst wurde) – hat das BVerfG am 2. März 2010 als verfassungswidrig verworfen. Nur unter ganz strengen, engen Grenzen sind solche Erfassungen zulässig und müssen nach Auswertung unverzüglich gelöscht werden.

Art. 11 [Freizügigkeit]

Freizügigkeit ist das Recht, „unbehindert durch die deutsche Staatsgewalt an jedem Ort innerhalb des Bundesgebietes Aufenthalt und Wohnsitz zu nehmen" (BVerfG). Aufenthalt kann u. U. schon ein Verweilen von wenigen Minuten sein, eine Übernachtung, z. B. im Hotel, ist auf jeden Fall ein Aufenthalt, der als Grundrechtsausübung geschützt ist. Dies Recht kann in positive und negative Freizügigkeit unterteilt werden, letztere ist z. B. das Recht, nicht umziehen zu müssen.
Zu diesem Grundrecht gibt es nur wenige höchstrichterliche Urteile, weil es offensichtlich kaum je verletzt worden ist.

Art. 11 Abs. 1 – Freizügigkeitsrecht

Alle Deutschen genießen Freizügigkeit im ganzen Bundesgebiet.

Dieses Grundrecht gilt nur für Deutsche; wegen der weitgehenden Niederlassungsfreiheit für Angehörige der EU-Staaten ist seine Begrenzung auf ein Bürgerrecht praktisch bedeutungslos. Art. 11 garantiert ferner die freie Einreise (für Deutsche).

Die Freizügigkeit gilt auch für Jugendliche, ist aber durch das Elternrecht eingeschränkt (s. Bemerkung zu Art. 6 Abs. 2).

Art. 11 Abs. 2 – Gesetzliche Einschränkung möglich

Dieses Recht darf nur durch Gesetz oder auf Grund eines Gesetzes und nur für die Fälle eingeschränkt werden, in denen eine ausreichende Lebensgrundlage nicht vorhanden ist und der Allgemeinheit daraus besondere Lasten entstehen würden oder in denen es zur Abwehr einer drohenden Gefahr für den Bestand oder die freiheitliche demokratische Grundordnung des Bundes oder eines Landes, zur Bekämpfung von Seuchengefahr, Naturkatastrophen oder besonders schweren Unglücksfällen, zum Schutze der Jugend vor Verwahrlosung oder um strafbaren Handlungen vorzubeugen, erforderlich ist.

In das Recht auf Freizügigkeit kann nur aus folgenden Gründen eingegriffen werden:

1. Fehlende Sicherung des Lebensunterhaltes. Diese Begrenzung ist praktisch bedeutungslos geworden, weil durch die Sozialhilfe ein Existenzminimum gesichert wird, deshalb sieht das Zwölfte Buch Sozialgesetzbuch (SGB XII) keine Freizügigkeitsbeschränkung für Sozialhilfeempfänger mehr vor.
2. Innerer Notstand
3. Seuchen, Naturkatastrophen, schwere Unglücksfälle

   Beispiel:
   Die Polizei sperrt für längere Zeit ein ganzes Gebiet, um Schaulustige abzuwehren, wie etwa bei der Elbeflut 2002 geschehen. Keine Beeinträchtigung der Freizügigkeit im Sinne des Art. 11 liegt vor, wenn eine Straße wegen Reparaturen vorübergehend blockiert oder der Verkehr umgeleitet wird.

4. Schutz der Jugend

   Beispiel:
   Personen unter 18 Jahren dürfen bestimmte Straßen des „Rotlichtmilieus" nicht betreten.

5. Vorbeugung strafbarer Handlungen

   Beispiel:
   Die Polizei kann „berufsmäßigen" Demonstranten den Zutritt zu einer Stadt verwehren, wenn zu befürchten ist, dass von ihnen gewalttätige Aktionen ausgehen.

Art. 12 [Freiheit des Berufes]

Diese Bestimmung konkretisiert das Recht auf freie Entfaltung der Persönlichkeit (Art. 2 Abs. 1). Es ist ein Abwehrrecht gegen unzulässige Staatseingriffe und zugleich eine Wertentscheidung von erheblicher Bedeutung für die Wirtschaftsordnung, verbietet sich doch damit z. B. eine sozialistische Planwirtschaft ohne freie Arbeitsplatzwahl, wie sie in der DDR bestand.

Art. 12 Abs. 1 – Berufsfreiheit

Alle Deutschen haben das Recht, Beruf, Arbeitsplatz und Ausbildungsstätte frei zu wählen. Die Berufsausübung kann durch Gesetz oder auf Grund eines Gesetzes geregelt werden.

Berufsfreiheit umfasst das Recht auf Berufswahl, freie Berufsausübung und freie Wahl des Arbeitsplatzes bzw. der Ausbildungsstätte. Der Begriff *Beruf* ist weit auszulegen. Dazu gehört jede erlaubte (!) mit Erwerbsabsicht ausgeübte Tätigkeit. Darüber hinaus zählt jede Tätigkeit – ob selbstständig oder unselbstständig – dazu, die nachhaltig und dauerhaft ausgeübt wird, was nicht ununterbrochen heißen muss. Maßgebend ist, ob diese Tätigkeit zur Lebensgrundlage dienen soll, Hobbyarbeiten gehören also ebenso wenig zur Arbeit im Sinne des Art. 12 wie Nebentätigkeiten. Unerheblich ist, ob die berufliche Tätigkeit wirtschaftlich erfolgreich ist, den herkömmlichen Berufsbildern entspricht, gesellschaftlich erwünscht ist oder missachtet wird.

Beispiele:
Der Straßenmusikant ist beruflich tätig, sofern er nicht nur an besonderen Tagen wie etwa vor Weihnachten auftritt. – Der Kunstmaler als (vermeintlich) verkanntes Genie übt einen Beruf aus, auch wenn die schnöde Welt nur selten eines seiner Bilder kauft. – Die (angemeldete) Prostituierte arbeitet bekanntlich „professionell“ und hat daher einen Beruf.

Dagegen übt der Rauschgiftdealer als „Händler" ebenso wenig einen Beruf aus wie der „Profikiller" – trotz seiner Bezeichnung.

Das Grundrecht gilt nur für Deutsche, aufgrund des EU-Vertrages praktisch aber auch für EU-Bürger.

Die *Freiheit der Berufswahl* soll den freien Zugang zu einem Beruf sichern. Sie gibt aber kein Recht auf Arbeit im gewählten Beruf. Ein solches Grundrecht kennt das GG aus wohl erwogenen Gründen nicht. Eine Arbeitsplatzgarantie führt einmal zu einer völlig unproduktiven Verschwendung von Arbeitskräften, weil auch der unwillige und unfähige Mitarbeiter nicht entlassen werden kann. Zum anderen müsste der Staat, um ein solches Grundrecht einzulösen, das Recht haben, Arbeitsuchenden bestimmte Tätigkeiten auch gegen deren Willen zuzuweisen. Das aber wäre ein schwerer Verstoß gegen Art. 2 Abs. 1, der auch das *„Recht auf Faulheit"* schützt.

Der Art. 12 Abs. 1 schützt den Aussteiger und gewährleistet die Freiheit, überhaupt keinen Beruf bzw. keine Tätigkeit auszuüben, weil die Nichtwahl eines Berufes die negative Inanspruchnahme der Freiheit der Berufswahl ist. Die freie Wahl und Ausübung von Berufen verstärkt den Wettbewerb und soll bewusst nicht vor der Zulassung unliebsamer Konkurrenz schützen.

Beispiel:
Eine gelernte Buchhalterin übernahm freiberuflich die Verbuchung kaufmännischer Vorgänge verschiedener Unternehmen. In Zweifelsfällen hat sie den Steuerberater gefragt. Darin aber sah die Steuerberaterkammer einen Verstoß gegen das Buchführungsprivileg der Steuerberater im Rahmen der „Rechtsberatung in Steuersachen", weil auch einfache Buchhaltungsaufgaben gewisse steuerliche Grundkenntnisse voraussetzten. Das BVerfG aber entschied letztinstanzlich zugunsten der selbstständigen Buchhalterin, denn in der Sache besteht kein Unterschied, ob solche Aufgaben von Angestellten oder „durch sachkundig selbstständig tätige Buchführungshelfer" ausgeführt werden.

Freiheit der Berufsausübung ist die Freiheit, über Art und Weise der beruflichen Tätigkeit selbst zu entscheiden.

> Beispiel:
> Ein Künstler kann die Skulptur „X" aus gebrauchten Zahnbürsten anfertigen; aber er hat selbstverständlich keinen Anspruch auf Abkauf oder einen Ausstellungsplatz im Kunstmuseum.

Die *freie Wahl des Arbeitsplatzes* sichert jedem das Recht, sich frei zu entscheiden, einen Arbeitsplatz anzunehmen, beizubehalten oder zu wechseln. Art. 12 Abs. 1 kann aber wiederum nicht garantieren, dass es den gewünschten Arbeitsplatz auch wirklich für den Einzelnen gibt, und schützt selbstverständlich auch nicht vor Kündigung.

> Beispiel:
> Selbst die gut ausgebildete Schauspielerin hat keinen Rechtsanspruch auf ein Engagement, auch wenn oder gerade weil das Theater bis zu 90 Prozent aus öffentlichen Mitteln subventioniert wird.

Die freie Wahl der Ausbildungsstätte, dazu gehören weiterführende Schulen, Hochschulen und Einrichtungen der Berufsvorbereitung, sichert den ungehinderten Zugang zur Ausbildung und dient damit der Verwirklichung des Grundsatzes der freien Berufswahl.

> Beispiel:
> Wenn der Staat die Berufsausübung, z. B. als praktischer Arzt, vom erfolgreichen Abschluss eines Medizinstudiums abhängig macht, muss er dieses Studium auch ermöglichen.

Im Art. 12 Abs. 1 wird deutlich, dass ein Grundrecht nicht nur ein Abwehrrecht, sondern auch ein *Teilhaberecht* sein kann. Das Recht zur freien Wahl der Ausbildungsstätte schafft beispielsweise einen Anspruch auf Zulassung zum Studium, soweit Ausbildungsmöglichkeiten vorhanden sind. Erst wenn diese erschöpft sind, darf ein Auswahlverfahren vorgenommen werden, sog. Numerus clausus. Voraussetzung für die Zulassung zum Studium ist selbstverständlich, dass der Bewerber die Vorbedingungen erfüllt, z. B. die Hochschulreife erworben hat.

Eine Berufsausübung kann gemäß Art. 12 Abs. 1 Satz 2 staatlich „geregelt", d. h. umfassend *gesetzlich geordnet* werden. Diese Regelungen können unterschiedlich schwer in das Recht der Berufsausübung eingreifen. Grundsätzlich gilt: Je größer das Bedürfnis zum Schutz der Allgemeinheit ist, desto stärker können die Eingriffe sein. Je geringer das Gemeinwohl gefährdet ist, desto schwächer müssen die Beschränkungen ausfallen.

Beispiele:
Eine Hebamme darf ihre Tätigkeit nur bis zur Vollendung des 70. Lebensjahres ausüben, weil das Schutzinteresse der gebärenden Mutter und des neugeborenen Lebens die volle körperliche und geistige Leistungsfähigkeit erfordern. Ein Gastwirt aber darf noch mit über 90 Jahren zapfen.

Das BVerfG hat für die Rechtfertigung des Gesetzgebers zur Ausgestaltung des Art. 12 Abs. 1 die sog. *Stufenlehre* entwickelt, die eine Präzisierung des *Verhältnismäßigkeitsgrundsatzes* ist, der bei Art. 12 besonders zu beachten ist. Sie besagt – verkürzt formuliert: Je größer die Intensität ist, mit der jemand von seiner Berufsausübung abhängt (*Abhängigkeitsintensität*), desto geringer muss die Intensität sein, mit der staatlich eingegriffen wird (*Eingriffsintensität*).

Nur ein besonders wichtiges Gemeinschaftsgut, wie etwa die Volksgesundheit oder der Umweltschutz, rechtfertigen einen schweren Eingriff in die freie Berufswahl und -ausübung.

Beispiel:
Ein Gesetz, nach dem gefährliche Güter nur mit der Bahn transportiert werden dürfen, ist zulässig, wenn damit der Zweck verfolgt wird, Gefahr für Leib und Leben der Bürger abzuwenden. Unzulässig wäre es, wenn damit nur die Wirtschaftlichkeit der Bahn erhöht werden sollte.

Für die freie Wahl der Ausbildungsstätte und die Zulässigkeit von Beschränkungen gelten dieselben Prinzipien. Auch hier ist zwischen subjektiven (z. B. Abitur für das Studium) und objektiven *Zulassungsvoraussetzungen* zu unterscheiden. Ein *Numerus clausus* (lat. = geschlossene Zahl) als *objektive Zulassungsvoraussetzung* ist nur verfassungskonform, wenn

- nur auf diese Weise die Funktionstüchtigkeit der Hochschule in Forschung und Lehre gesichert werden kann;
- die Ausbildungskapazitäten erschöpft sind;
- die Auswahl der Studienbewerber und ihre Verteilung auf die Studienplätze nach sachgerechten Kriterien erfolgen.

Art. 12 Abs. 2 – Kein Arbeitszwang

Niemand darf zu einer bestimmten Arbeit gezwungen werden, außer im Rahmen einer herkömmlichen allgemeinen, für alle gleichen öffentlichen Dienstleistungspflicht.

Arbeitszwang ist die Verpflichtung zu persönlicher Dienstleistung, die einen mehr als nur unbedeutenden Aufwand erfordert. Erlaubt ist jedoch die Verpflichtung, wenn sie zu allgemeinen öffentlichen Dienstpflichten gehört, z. B. zur Ausübung des Schöffenamtes.

Generell aber bleibt das Recht nach Abs. 2 bestehen, dass niemand arbeiten „muss“, auch wenn er könnte. Dennoch hat er Anspruch auf (eine bescheidene) öffentliche Fürsorge.

Art. 12 Abs. 3 – Zwangsarbeit im Strafvollzug

Zwangsarbeit ist nur bei einer gerichtlich angeordneten Freiheitsentziehung zulässig.

Zwangsarbeit unterscheidet sich vom Arbeitszwang darin, dass der zur Zwangsarbeit Verpflichtete nicht nur zu einer bestimmten, mengenmäßig begrenzten Leistung herangezogen wird, sondern seine gesamte

Arbeitskraft über einen längeren Zeitraum zur Verfügung stellen muss. Ein solcher Zwang zur Arbeit ist nur bei Insassen einer Strafvollzugsanstalt zulässig.

> Beispiel:
> Die Zwangsarbeit von Häftlingen ist nicht beendet, wenn die verlangte Anzahl von Spinden geschreinert wurde. Die Insassen können anschließend zum Hofkehren befohlen werden.

Art. 12a [Wehrpflicht, Ersatzdienst]

> Ursprünglich (1955) hatte sich die BRD für die Ableistung einer Wehrpflicht entschieden. Seit dem 1. Juli 2011 wird das Wehrpflichtgesetz nicht mehr angewandt. Die Aussetzung des Gesetzes bedeutet aber nicht, dass damit auch die *grundgesetzliche* Wehrpflicht aufgehoben wurde. Sie kann aus gegebenem Anlass jederzeit durch das alte oder ein neues Gesetz wieder belebt werden.

Art. 12a Abs. 1 – Wehr- und Dienstverpflichtung

Männer können vom vollendeten achtzehnten Lebensjahr an zum Dienst in den Streitkräften, im Bundesgrenzschutz oder in einem Zivilschutzverband verpflichtet werden.

Die Verfassungsbestimmung ist eine typische *Kannvorschrift*, denn die Grundentscheidung zur bewaffneten Landesverteidigung (Art. 87a) kann auch durch eine Berufsarmee auf freiwilliger Grundlage geleistet werden.

Art. 12a Abs. 2 – Kriegsdienstverweigerung

Wer aus Gewissensgründen den Kriegsdienst mit der Waffe verweigert, kann zu einem Ersatzdienst verpflichtet werden. Die Dauer des Ersatzdienstes darf die Dauer des Wehrdienstes nicht übersteigen. Das Nähere regelt ein Gesetz, das die Freiheit der Gewissensentscheidung nicht beeinträchtigen darf und auch eine Möglichkeit des Ersatzdienstes vorsehen muß, die in keinem Zusammenhang mit den Verbänden der Streitkräfte und des Bundesgrenzschutzes steht.

Art. 12a Abs. 3

Wehrpflichtige, die nicht zu einem Dienst nach Absatz 1 oder 2 herangezogen sind, können im Verteidigungsfalle durch Gesetz oder auf Grund eines Gesetzes

zu zivilen Dienstleistungen für Zwecke der Verteidigung einschließlich des Schutzes der Zivilbevölkerung in Arbeitsverhältnisse verpflichtet werden; Verpflichtungen in öffentlich-rechtliche Dienstverhältnisse sind nur zur Wahrnehmung polizeilicher Aufgaben oder solcher hoheitlichen Aufgaben der öffentlichen Verwaltung, die nur in einem öffentlich-rechtlichen Dienstverhältnis erfüllt werden können, zulässig. Arbeitsverhältnisse nach Satz 1 können bei den Streitkräften, im Bereich ihrer Versorgung sowie bei der öffentlichen Verwaltung begründet werden; Verpflichtungen in Arbeitsverhältnisse im Bereiche der Versorgung der Zivilbevölkerung sind nur zulässig, um ihren lebensnotwendigen Bedarf zu decken oder ihren Schutz sicherzustellen.

Art. 12a Abs. 4

Kann im Verteidigungsfalle der Bedarf an zivilen Dienstleistungen im zivilen Sanitäts- und Heilwesen sowie in der ortsfesten militärischen Lazarettorganisation nicht auf freiwilliger Grundlage gedeckt werden, so können Frauen vom vollendeten achtzehnten bis zum vollendeten fünfundfünfzigsten Lebensjahr durch Gesetz oder auf Grund eines Gesetzes zu derartigen Dienstleistungen herangezogen werden. Sie dürfen auf keinen Fall zum Dienst mit der Waffe verpflichtet werden.

Art. 12a Abs. 5

Für die Zeit vor dem Verteidigungsfalle können Verpflichtungen nach Absatz 3 nur nach Maßgabe des Artikels 80a Abs. 1 begründet werden. Zur Vorbereitung auf Dienstleistungen nach Absatz 3, für die besondere Kenntnisse oder Fertigkeiten erforderlich sind, kann durch Gesetz oder auf Grund eines Gesetzes die Teilnahme an Ausbildungsveranstaltungen zur Pflicht gemacht werden. Satz 1 findet insoweit keine Anwendung.

Art. 12a Abs. 6

Kann im Verteidigungsfalle der Bedarf an Arbeitskräften für die in Absatz 3 Satz 2 genannten Bereiche auf freiwilliger Grundlage nicht gedeckt werden,

so kann zur Sicherung dieses Bedarfs die Freiheit der Deutschen, die Ausübung eines Berufs oder den Arbeitsplatz aufzugeben, durch Gesetz oder auf Grund eines Gesetzes eingeschränkt werden. Vor Eintritt des Verteidigungsfalles gilt Absatz 5 Satz 1 entsprechend.

Art. 13 [Unverletzlichkeit der Wohnung]

> Das Grundrecht der Unverletzlichkeit der Wohnung ist ein individuelles Abwehrrecht gegen alle Organe der öffentlichen Gewalt. Es gilt nicht für privatrechtliche Beziehungen, regelt somit keine Mietverhältnisse und schafft selbstverständlich keinen Wohnraumanspruch.

Art. 13 Abs. 1 – Schutz der räumlichen Privatsphäre

Die Wohnung ist unverletzlich.

Träger dieses Grundrechts ist jeder unmittelbare Besitzer der Wohnung. Das können auch Ausländer oder Kinder sein. Besitzer ist z. B. der Mieter oder ein kurzzeitig dort verweilender Gast. Der Begriff Wohnung ist weit auszulegen. Im Prinzip gehört dazu alles, was generell als räumliche Privatsphäre mit dem Anspruch genutzt wird, dort in Ruhe gelassen zu werden.

Beispiele:
Deswegen zählen als Wohnung auch die Nebenräume eines Hauses, ein Zimmer in einem Pflegeheim, eine Gartenhütte, Segelyacht und ein Hotelzimmer. Dagegen gehört nicht zur Wohnung das Auto oder der Strandkorb. Ebenso gelten Geschäfts- und Ladenräume nicht als Wohnung, genauso wenig wie leerstehende Wohnungen, weil sie nicht Stätte der privaten Lebensentfaltung sind.

Im Gegensatz zu fast allen anderen Grundrechten kann der Berechtigte auf dieses Grundrecht zeitweilig verzichten.

Beispiele:

- Ein Haus liegt in der Nähe eines Gefängnisses. Der Hausbesitzer räumt der Polizei das Recht ein, jederzeit, auch unangemeldet und während seiner Abwesenheit, auf bloßen Verdacht hin seine Kellerräume nach Ausbrechern zu durchsuchen.

- Einem Bewohner in einer Senioreneinrichtung geht es sehr schlecht. Er vereinbart, dass seine Zimmertür dauerhaft offen steht, bis es ihm wieder besser geht.

Art. 13 Abs. 2 – Durchsuchung

Durchsuchungen dürfen nur durch den Richter, bei Gefahr im Verzuge auch durch die in den Gesetzen vorgesehenen anderen Organe angeordnet und nur in der dort vorgeschriebenen Form durchgeführt werden.

Eine *Durchsuchung* ist das Suchen durch staatliche Organe, z. B. Polizei, nach Personen oder Sachen, die der Wohnungsinhaber freiwillig nicht preisgeben will. Es ist unerheblich, ob damit Zwecke des Straf- oder Zivilprozessrechts verfolgt werden.

Beispiel:
Die Polizei sucht in der Wohnung nach einer Diebesbeute, der Gerichtsvollzieher sucht nach pfändbaren Sachen, z. B. goldenen Uhren, und der Steuerfahnder nach Unterlagen, mit denen der dringende Verdacht auf Steuerhinterziehung erhärtet werden kann.

Eine solche Durchsuchung darf im Grundsatz nur von einem Richter angeordnet werden. Er hat unabhängig zu prüfen, ob die gegen den Wohnungsinhaber vorliegenden Verdachtsmomente stark genug sind, um einen so schweren Eingriff wie die Verletzung der Intimsphäre der Wohnung zu rechtfertigen. Das gilt insbesondere für Durchsuchungen während der Nachtzeit. Droht Gefahr, darf jedoch auch ohne richterlichen Befehl in die Wohnung eingedrungen werden.

Beispiel:
Die Polizei verfolgt einen flüchtigen Mordverdächtigen und sieht, wie er sich auf einem Privatgrundstück in einem Wohnwagen zu verstecken versucht. Sie darf sofort und notfalls unter Gewaltanwendung in den Wohnwagen eindringen, obwohl dieser im

Gegensatz zum Auto als Wohnung gilt, und den mutmaßlichen Täter festnehmen.

Ein *Durchsuchungsbeschluss* muss spätestens nach einem halben Jahr vollzogen werden, um einen Eingriff in das Grundrecht der Unverletzbarkeit der Wohnung zu rechtfertigen, sonst gewährleistet der Richterbeschluss, so das BVerfG, nicht mehr, dass die Durchsuchung erforderlich ist.

Art. 13 Abs. 3 – Anforderungen für einen „Lauschangriff"

Begründen bestimmte Tatsachen den Verdacht, daß jemand eine durch Gesetz einzeln bestimmte, besonders schwere Straftat begangen hat, so dürfen zur Verfolgung der Tat auf Grund richterlicher Anordnung technische Mittel zur akustischen Überwachung von Wohnungen, in denen sich der Beschuldigte vermutlich aufhält, eingesetzt werden, wenn die Erforschung des Sachverhalts auf andere Weise unverhältnismäßig erschwert oder aussichtslos wäre.
Die Maßnahme ist zu befristen. Die Anordnung erfolgt durch einen mit drei Richtern besetzten Spruchkörper. Bei Gefahr im Verzuge kann sie auch durch einen einzelnen Richter getroffen werden.

Dieser Abs. 3 Satz 1 dient der Verfolgung besonders schwerer Straftaten durch Einsatz akustischer Mittel, vor allem durch „Wanzen" sowie das Anzapfen der Telefon- und Faxleitungen und durch Personensender, die am Körper verdeckt arbeitender Ermittler befestigt sind. Der schwere Eingriff in die Unverletzbarkeit der Wohnung unterliegt verschärft dem *Grundsatz der Verhältnismäßigkeit.*

Am 3. März 2004 gab das BVerfG einer Verfassungsbeschwerde im Wesentlichen statt, nach der Vorschriften der Strafprozessordnung zur Durchführung der akustischen Wohnraumüberwachung gegen eine ganze Reihe grundgesetzlicher Bestimmungen (u. a. Art. 1 Abs. 1, Art. 19 Abs. 4) verstößt. Die Anforderungen an die Rechtmäßigkeit einer Wohnraumüberwachung müssen umso strenger sein, je größer das Risiko ist, dass Gespräche „höchstpersönlichen Inhalts" mitgehört werden können. Demnach dürfen die akustischen Mittel nur im Falle der Schwerstkriminalität, z. B. zur Terrorismusbekämpfung eingesetzt werden. Auch ist eine Überwachung ausgeschlossen, wenn der Verdächtige sich mit nahe stehenden Personen unterhält, die nicht als Tatbeteiligte in Betracht kommen. Im Klartext kann das bedeuten, dass das Gerät abgeschaltet werden muss, sobald etwa die Ehefrau des Überwachten das Zimmer betritt.

Art. 13 Abs. 4 – Technische Mittel zur Gefahrabwehr

Zur Abwehr dringender Gefahren für die öffentliche Sicherheit, insbesondere einer gemeinen Gefahr oder einer Lebensgefahr, dürfen technische Mittel zur Überwachung von Wohnungen nur auf Grund richterlicher Anordnung eingesetzt werden. Bei Gefahr im Verzuge kann die Maßnahme auch durch eine andere gesetzlich bestimmte Stelle angeordnet werden, eine richterliche Entscheidung ist unverzüglich nachzuholen.

Dieser Absatz regelt den Einsatz akustischer und optischer Mittel zur vorbeugenden Gefahrenabwehr. Zu diesen technischen Mitteln gehören auch Videokameras sowie das Auffangen der Abstrahlungen von Computern.

> Beispiele:
> Lebensgefahr für die von ihrem Ehemann bedrohte Frau, Gefährdung der öffentlichen Sicherheit durch vermuteten Bau einer Sprengbombe (Gemeingefahr).

Art. 13 Abs. 5 – Schutz der Ermittler

Sind technische Mittel ausschließlich zum Schutze der bei einem Einsatz in Wohnungen tätigen Personen vorgesehen, kann die Maßnahme durch eine gesetzlich bestimmte Stelle angeordnet werden. Eine anderweitige Verwertung der hierbei erlangten Erkenntnisse ist nur zum Zwecke der Straf-

verfolgung oder der Gefahrenabwehr und nur zulässig, wenn zuvor die Rechtmäßigkeit der Maßnahme richterlich festgestellt ist; bei Gefahr im Verzuge ist die richterliche Entscheidung unverzüglich nachzuholen.

Diese Sonderregelung dient ausschließlich dem Schutz der Ermittler, sodass ein rascher Zugriff möglich ist, wenn z. B. das Risiko besteht, dass sie bei einem fingierten Drogenankauf enttarnt werden und ihnen Gefahr für Leib und Leben droht.

Art. 13 Abs. 6 – Parlamentarische Kontrolle

Die Bundesregierung unterrichtet den Bundestag jährlich über den nach Absatz 3 sowie über den Zuständigkeitsbereich des Bundes nach Absatz 4 und, soweit richterlich überprüfungsbedürftig, nach Absatz 5 erfolgten Einsatz technischer Mittel. Ein vom Bundestag gewähltes Gremium übt auf der Grundlage dieses Berichtes die parlamentarische Kontrolle aus. Die Länder gewährleisten eine gleichwertige parlamentarische Kontrolle.

Die Bestimmung dient der Verstärkung der ohnedies vorhandenen *parlamentarischen Kontrolle*.

Art. 13 Abs. 7 – Gefahrabwehr, Schutz der öffentlichen Sicherheit

Eingriffe und Beschränkungen dürfen im übrigen nur zur Abwehr einer gemeinen Gefahr oder einer Lebensgefahr für einzelne Personen, auf Grund eines Gesetzes auch zur Verhütung dringender Gefahren für die öffentliche Sicherheit und Ordnung, insbesondere zur Behebung der Raumnot, zur Bekämpfung von Seuchengefahr oder zum Schutze gefährdeter Jugendlicher vorgenommen werden.

Maßnahmen zur Abwehr einer Gefahr oder zur Wahrung und Wiederherstellung der öffentlichen Sicherheit und Ordnung sind erlaubte Eingriffe und Beschränkungen des Unverletzlichkeitsrechts. Aber auch sie müssen bei Wohnräumen eng begrenzt sein, um jede vermeidbare

Störung fernzuhalten. Bei reinen Geschäfts- und Betriebsräumen ist das Schutzbedürfnis dagegen geringer.

Beispiele:
- Aus einer Wohnung dringt Gasgeruch; man befürchtet, der Wohnungsinhaber begeht Selbstmord.
- Die Feuerwehr dringt in eine brennende Wohnung ein, deren Besitzer verreist sind.

Art. 14 [Eigentum, Erbrecht und Enteignung]

Die Eigentumsgarantie ist ein elementares Grundrecht, das bis auf die französische Erklärung der Menschen- und Bürgerrechte von 1789 zurückgeht. Die Eigentumsgarantie schließt die Garantie des Erbrechts ein. Damit schreibt die Verfassung aber keine bestimmte Wirtschafts- und Gesellschaftsordnung vor. Gäbe es einen Sozialismus mit Privateigentum auch an Produktionsmitteln, so würde ein solches System nicht allein schon deshalb von vornherein gegen den Art. 14 verstoßen.

Art. 14 Abs. 1 – Beschränkte Eigentumsgarantie

Das Eigentum und das Erbrecht werden gewährleistet. Inhalt und Schranken werden durch die Gesetze bestimmt.

Der Satz 1 hat eine Doppelfunktion: Er garantiert zum einen das Eigentum als Freiraum für den Grundrechtsträger, das ist jedes Individuum, und ist zum anderen ein *Rechtsinstitut*, d. h. die grundsätzliche privatrechtliche Eigentumsordnung muss gewährleistet bleiben. Diese grundlegende *Wertentscheidung* zugunsten des Privateigentums hat der Gesetzgeber bei allen Vorhaben zu berücksichtigen. Eine Sozialisierung (Vergesellschaftung) aller Produktionsmittel ist damit ausgeschlossen. Der Eigentumsbegriff des GG ist erheblich weiter gezogen als der des bürgerlichen Rechts, das darunter nur die *rechtliche Herrschaftsmacht* über Sachen (= körperliche Gegenstände) versteht (§ 903 BGB).

Beispiele:

- Zum Schutzbereich des Art. 14 gehören auch Geldforderungen, das Recht am geistigen Eigentum (Urheberrechte, Patentrechte) und Rentenansprüche, soweit sie überwiegend auf Eigenleistungen beruhen, wie Ansprüche gegen die gesetzliche Rentenversicherung.
- Zum geschützten Eigentum zählen keine Chancen, Erwartungen und Hoffnungen, Kalkulation, auf dem Tippschein „sechs Richtige“ angekreuzt zu haben, Vermutung, dass der dem Tode geweihte Groß-

vater eine stattliche Erbschaft hinterlässt, Profiterwartungen aus einem erworbenen Geschäftsbetrieb, Vorteile eines Kundenstamms oder Aussichten auf künftig gesteigerte Umsätze.
- Auch gegen die Geldentwertung des Sparbuches und Preisverfall, etwa einer Immobilie, gibt es keinen Grundrechtsschutz.
- Nicht dazu gehören ferner z. B. sozialhilferechtliche Ansprüche, Forderungen auf Kindergeld oder Wohngeld. Der Gesetzgeber kann diese Ansprüche ganz oder teilweise streichen, ohne sich einer Grundrechtsverletzung schuldig zu machen.
- Auch Ansprüche der Beamten auf Pension fallen nicht unter Art. 14, kommen aber aufgrund des Berufsbeamtentums in der Wirkung einer Eigentumsgarantie gleich.

In einem Urteil des BVerfG vom 26. Mai 1993 wurde das *Besitzrecht des Mieters* dem Eigentumsrecht des Vermieters gleichgestellt. In den Entscheidungsgründen zu diesem Urteil heißt es: „Das Besitzrecht des Mieters an einer gemieteten Wohnung ist Eigentum im Sinne von Artikel 14 Abs. 1 Satz 1 des Grundgesetzes. Der Eigentumsschutz des Mieters unterscheidet sich in seiner Struktur nicht von demjenigen des Vermieters und Eigentümers.“ Damit hat das Besitzrecht Verfassungsrang wie das Eigentumsrecht erhalten, weil die Wohnung auch für den Mieter „Mittelpunkt der privaten Existenz“ sei. Das Urteil hat für die Rechtsprechung in Mietsachen erhebliche Konsequenzen.

Beispiel:
Ein Vermieter muss nicht nur wie bisher schon Eigenbedarf geltend machen, um in den Besitz seiner vermieteten Wohnung zu gelangen, er muss vielmehr einen „ernsthaften, vernünftigen und nachvollziehbaren Erlangungswunsch“ äußern. Die zuständigen Fachgerichte müssen dann prüfen, ob das Interesse des Eigentümers an der Wohnung tatsächlich gewichtiger ist als das des Mieters.

Art. 14 Abs. 1 schützt jedoch Geldvermögen nicht vor *Entwertung*. Auch wenn z. B. Sparguthaben nach einer Inflation effektiv wertlos geworden sind, hat der Betroffene kein einklagbares Recht, Entschädigung zu verlangen.

Alle Schutz- und Beschränkungsbestimmungen des Art. 14 gelten gleichermaßen auch für das *Erbrecht*. Es gewährt zum einen die Testierfreiheit, d. h. das Recht des Erblassers, sein Vermögen im Erbfall nach Belieben einem anderen zum Eigentum zu überlassen, zum anderen garantiert es dem Erben den Schutz des ererbten Eigentums. Allerdings sind der praktischen Ausübung des Erbrechts erhebliche (zulässige) Einschränkungen auferlegt.

Die Erbschaft- und Schenkungsteuer ist nach Verwandtschaftsgrad und Höhe der Erbmasse gestaffelt und kann bis zu 50 Prozent der Hinterlassenschaft hinwegraffen, was praktisch mindestens einer Teilenteignung gleichkommt. Der Steuerzugriff darf allerdings keinen konfiskatorischen Charakter annehmen. Wo die genaue Grenze liegt, ist offen. Aber das typische Einfamilienhaus z. B. darf nicht so belastet werden, dass die Erben es verkaufen müssen, nur um die fällige Erbschaftsteuer bezahlen zu können.

Auch die gesetzlichen Pflichtteilsansprüche der Kinder, ableitbar aus Art. 6, engen die Testierfreiheit und damit das Erbrecht erheblich ein.

Art. 14 Abs. 2 – Sozialpflichtigkeit

Eigentum verpflichtet. Sein Gebrauch soll zugleich dem Wohle der Allgemeinheit dienen.

Der Absatz bestimmt die sog. *Sozialpflichtigkeit* des Eigentums und ist Teil des Sozialstaatsgebotes. Diese Sozialbindung des Eigentums bestimmt, dass Eigentum nicht nur eine Rolle zum Privatnutz spielt, sondern zugleich auch dem Gemeinnutz dienen soll. Der Grad der sozialen Funktion und damit das Ausmaß der Sozialpflichtigkeit des Eigentums hängt davon ab, welche Bedeutung es außer für den Eigentümer auch noch für andere Personen hat.

Beispiel:
Wer seinen Kleiderschrank vorsätzlich im Garten anzündet, begeht allenfalls ein Umweltdelikt, schädigt aber keinen anderen. Der Fabrikant dagegen, der „seine“ Fabrik anzündet, vernichtet damit zugleich Arbeitsplätze.

Art. 14 Abs. 3 – Enteignung zum Wohl der Allgemeinheit

Eine Enteignung ist nur zum Wohle der Allgemeinheit zulässig. Sie darf nur durch Gesetz oder auf Grund eines Gesetzes erfolgen, das Art und Ausmaß der Entschädigung regelt. Die Entschädigung ist unter gerechter Abwägung der Interessen der Allgemeinheit und der Beteiligten zu bestimmen. Wegen der Höhe der Entschädigung steht im Streitfalle der Rechtsweg vor den ordentlichen Gerichten offen.

Die Grenzen zwischen starker Eigentumsbeeinträchtigung und Enteignung können im Einzelfall fließend sein.

Beispiel:
Ein Grundstück wird in Staatseigentum übertragen, weil eine Teilstrecke der geplanten Autobahn teilweise darüberführt. Aber: Ein Grundstückseigentümer wird verpflichtet, einen Fußweg über sein Grundstück zur benachbarten Schule zu dulden, damit die Schulkinder eine verkehrsreiche Straße nicht überqueren müssen.

Eine Enteignung, gleich welcher Art und in welchem Ausmaß, ist grundsätzlich an drei Bedingungen geknüpft:

1. Sie muss dem *Gemeinwohl* dienen, darf somit nicht Einzelnen zugute kommen.

Beispiel:
Dieser Kerngedanke war eine Grundlage des „Boxberg“-Urteils des BVerfG, nach dem eine Enteignung für eine geplante Teststrecke zugunsten eines

süddeutschen Automobilunternehmens untersagt wurde, obwohl das Unternehmen die Schaffung neuer Arbeitsplätze während und nach dem Bau der Teststrecke zugesagt hatte.

2. Sie muss *letztes Mittel* sein, d. h. eine Enteignung ist nur zulässig, wenn es keine anderen verantwortbaren Lösungen gibt.

   Beispiel:
   Ein Abriss von Häusern, um Platz für den Straßenbau zu schaffen, ist nur erlaubt, wenn eine Umgehung ohne wesentlich höhere Kosten unmöglich ist.

3. Der Enteignete muss stets entschädigt werden (sog. *Junktimsklausel*), d. h. keine Enteignung ohne *Entschädigung*. Die Höhe der Entschädigung richtet sich nach dem Markt- oder Verkehrswert, den der Gegenstand zu dem Zeitpunkt hat, an dem der Entschädigungsbescheid zugestellt wird. Die *Enteignungsentschädigung* soll einen Interessenausgleich darstellen. Der Betroffene darf weder einen Liebhaberpreis, z. B. für seine enteignete Burgruine, erhalten, noch darf die öffentliche Hand sich durch eine zu niedrige Entschädigung bequem bereichern. Es besteht nur ein Anspruch auf Entschädigung für das, was zum Enteignungszeitpunkt vorhanden war, sog. *Bestandsgarantie*. Eine bloße Erwerbschance, (sog. *Erwerbsgarantie*) wird nicht geschützt. Es gibt daher keine Entschädigung für entgangene Zukunftsgewinne. Im Streitfall entscheiden die Gerichte.

   Beispiel:
   Ein Friseurmeister, dessen Salon wegen des Baus einer U-Bahn abgerissen wird, und der deshalb in einen anderen Stadtteil umziehen muss, hat nur Anspruch auf den Gegenwert seines Betriebes, nicht aber auf Entschädigung für den Verlust seiner Stammkundschaft.

Nach der Wiedervereinigung am 3. Oktober 1990 erhielt die Eigentumsgarantie des GG eine neue, äußerst brisante Dimension: Viele

Bürger der (alten) Bundesrepublik Deutschland forderten Rückgabe oder Entschädigung für die nach dem 8. Mai 1945 erfolgte Enteignung ihrer bebauten und unbebauten Grundstücke in der damaligen sowjetischen Besatzungszone bzw. der späteren DDR.

Am 23. April 1991 entschied das BVerfG, dass die Bestimmungen des Einigungsvertrages, „Enteignungen auf besatzungsrechtlicher oder besatzungshoheitlicher Grundlage aus den Jahren 1945 bis 1949“ nicht rückgängig zu machen, keinen Verstoß gegen die Eigentumsgarantie darstellen.

Art. 15 [Sozialisierung]

Art. 15 – Entziehung von Eigentum

Grund und Boden, Naturschätze und Produktionsmittel können zum Zwecke der Vergesellschaftung durch ein Gesetz, das Art und Ausmaß der Entschädigung regelt, in Gemeineigentum oder in andere Formen der Gemeinwirtschaft überführt werden. Für die Entschädigung gilt Art. 14 Abs. 3 Satz 3 und 4 entsprechend.

Nach überwiegender Meinung der Verfassungsrechtler enthält dieser Artikel, obwohl er im Grundrechtsabschnitt steht, kein Grundrecht. Er ist nur aus der Entstehungsgeschichte des Grundgesetzes in den Jahren 1948/49 zu erklären als eine Art Kompromiss zwischen divergierenden politischen Zielsetzungen für – vereinfacht formuliert – Kapitalismus oder Sozialismus.

Bis Ende 2008 hatte dieser Artikel keine praktische Bedeutung, wurde also nie angewandt. Erst 2009 wurde aus dem aktuellen Anlass der Finanzkrise ein Gesetz verabschiedet, das es erlaubt, finanzschwache (systemrelevante) Banken notfalls zu verstaatlichen, wenn die Eigentümer ihre Beteiligungsrechte nicht freiwillig verkaufen. Das Gesetz wurde erstmals 2009 angewandt – bei der Münchner Bank Hypo Real Estate (HRE).

Art. 16 [Ausbürgerung, Auslieferung]

Art. 16 Abs. 1 – Schutz der Staatsangehörigkeit

Die Deutsche Staatsangehörigkeit darf nicht entzogen werden. Der Verlust der Staatsangehörigkeit darf nur auf Grund eines Gesetzes und gegen den Willen des Betroffenen nur dann eintreten, wenn der Betroffene dadurch nicht staatenlos wird.

„Entziehung" bedeutet Aberkennung der Staatsangehörigkeit und damit *Ausbürgerung.*

Die von der DDR wiederholt ausgeübte Praxis, unliebsamen Bürgern die Staatsangehörigkeit zu entziehen und ihnen damit das Recht zu nehmen, in ihrem Staat zu leben, ist damit ausgeschlossen.

„Verlust" der Staatsangehörigkeit kann freiwillig einmal durch Verzicht geschehen. Insofern ist dieses Grundrecht im Gegensatz zu anderen nicht „unveräußerlich". Zum anderen kann der Verlust durch ein frei gewähltes Handeln entstehen, das eine Abkehr vom deutschen Staatsverband ausdrückt.

Beispiel:
Ein Deutscher lebt jahrelang im Ausland und erwirbt auf eigenen Wunsch die fremde Staatsangehörigkeit.

Sog. *Doppelstaatler,* das sind Menschen mit zwei Staatsangehörigkeiten, können vor die Alternative gestellt werden, sich für eine Staatsangehörigkeit zu entscheiden. Wählen sie die fremde, so ist der Verlust der deutschen kein Verstoß gegen Art. 16 Abs. 1. Auf keinen Fall aber darf der Betroffene durch den Verlust seiner Staatsangehörigkeit staatenlos werden.

Beispiel:
Eine deutsche Frau heiratet einen US-Bürger und erwirbt die amerikanische Staatsbürgerschaft.

Art. 16 Abs. 2 – Auslieferungsverbot mit Einschränkungen

Kein Deutscher darf an das Ausland ausgeliefert werden. Durch Gesetz kann eine abweichende Regelung für Auslieferungen an einen Mitgliedstaat der Europäischen Union oder einen internationalen Gerichtshof getroffen werden, soweit rechtsstaatliche Grundsätze gewahrt sind.

Auslieferung ist jede zwangsweise Überführung einer Person in den Hoheitsbereich eines anderen Staates auf dessen Ersuchen. Das Grundrecht schützt davor nur Deutsche, Ausländer können dagegen z. B. aufgrund eines Rechtshilfeabkommens ausgeliefert werden.

Der zweite Satz stellt eine Ausnahmeregelung vom Grundsatz der Nichtauslieferung dar und wurde als Verfassungsergänzung im Dezember 2000 angehängt. Voraussetzungen für seine Anwendung sind:

- Die Auslieferung darf nur an einen EU-Staat erfolgen oder
- an einen internationalen Gerichtshof, dessen Statut Deutschland beigetreten ist, und
- das Gerichtsverfahren muss anerkannten rechtsstaatlichen Grundsätzen entsprechen, z. B. den Anspruch auf rechtliches Gehör (vgl. Art. 103 Abs. 1).

Der Antrag der Bundesrepublik Deutschland an einen anderen Staat, gegen einen dort lebenden Deutschen eine im Inland verhängte Strafe zu vollstrecken, verstößt nicht gegen das Auslieferungsverbot. Aber ein Deutscher, der eine im Ausland strafbare Handlung begeht und anschließend in die Bundesrepublik Deutschland flieht, kann und muss in der Bundesrepublik Deutschland verurteilt werden, jedoch nur, wenn diese Tat auch nach deutschem Recht strafbar ist.

Beispiel:
Ein Mord, von einem Deutschen in einem Land begangen, das dafür die Todesstrafe verhängen würde, wird in der Bundesrepublik Deutschland mit lebenslänglicher Freiheitsstrafe geahndet, wenn der Täter im Inland gefasst wird. Dagegen bleibt Devisenschmuggel in Deutschland straffrei, weil im Prinzip jeder Deutsche jede beliebige Menge Auslandsgeld besitzen, transferieren und tauschen darf.

Art. 16a [Asylgrundrecht]

> Das weltweit einmalige deutsche Asylrecht als Grundrecht mit Rechtsweggarantie ist historisch aus der Entstehungszeit des Grundgesetzes und als Reaktion auf die Erfahrung aus dem Nationalsozialismus, des Zweiten Weltkriegs und der damit verbundenen Flüchtlingsbewegung zu verstehen.

Art. 16a Abs. 1 – Asylgrundrecht

Politisch Verfolgte genießen Asylrecht.

Asylrecht bedeutet das Recht, an einem Ort ohne Verfolgung zu sein. Der Begriff *„Politisch Verfolgte"* ist sehr weit auszulegen. Es bedarf dazu nicht einmal eines bestimmten aktiven Handelns. Nach der auch von der Bundesrepublik Deutschland unterzeichneten Genfer Flüchtlingskonvention von 1951 gehören zu politisch Verfolgten alle, die wegen ihrer Rasse, Religion, Nationalität, Zugehörigkeit zu einer sozialen oder ethnischen Gruppe oder politischer Überzeugung von Gefahr für Leib und Leben bedroht sind.

Unter *Verfolgung* sind Maßnahmen zu verstehen, die gesetzlich unerlaubt oder mit rechtsstaatlichen Prinzipien unvereinbar sind, z. B. Ausschluss von staatlichen Vergünstigungen wegen Zugehörigkeit zu einer bestimmten Religion. Eine politische Verfolgung liegt aber z. B. nicht vor, wenn Männer einer bestimmten Altersgruppe zum Wehrdienst einberufen werden.

Die Merkmale für die Anerkennung als politisch Verfolgter sind:

- Die Verfolgung muss von staatlichen Organen ausgehen oder von Organisationen, die mit offener oder stillschweigender Billigung des Staates arbeiten.
- Die Verfolgung muss gegenwärtig zu befürchten sein und mit hoher Wahrscheinlichkeit eintreten.

- Der Asylbewerber muss selbst verfolgt sein, eine familiäre oder freundschaftliche Verbundenheit mit einem Verfolgten genügt für sich allein nicht.
- Die Verfolgungsmaßnahmen müssen intensiv sein, bloße Schikanen und Belästigungen reichen nicht aus.
- Schließlich muss die Gefahr für Leben und Freiheit über das hinausgehen, was die Bewohner des Heimatstaates aufgrund des dort herrschenden Systems allgemein hinzunehmen haben.

Wirtschaftliche Misswirtschaft oder soziales Elend, soweit dies nicht vorsätzlich durch Verfolgungsmaßnahmen herbeigeführt wurde, ebenso Naturkatastrophen oder Krieg und seine Auswirkungen können allenfalls ein *Duldungsrecht* schaffen, aber keine Anerkennung als politischer Flüchtling.

Der Asylsuchende kann seinen Anspruch erst geltend machen, wenn er das deutsche Staatsgebiet erreicht hat. Zwischen Verfolgung und Flucht muss ein ursächlicher Zusammenhang bestehen. Allerdings kann ein Ausländer auch nachträglich erfolgreich Asyl begehren, wenn inzwischen ohne sein Zutun in seinem Heimatland Umstände eingetreten sind, die eine politische Verfolgung nach seiner Rückkehr befürchten lassen (sog. *objektive Nachfluchttatbestände*).

Beispiel:
Ein Ausländer weilt zu Besuch in der Bundesrepublik Deutschland. Während dieser Zeit wird die demokratische Regierung seines Heimatlandes durch eine Militärjunta gewaltsam gestürzt, deren Anführer er jahrelang politisch bekämpft hat.

Von diesen Gründen sind die subjektiven, vom Asylbewerber selbst geschaffenen Nachfluchttatbestände zu unterscheiden, die keinen Asylanspruch begründen.

Beispiel:
Erst nach dem Verlassen seines Heimatlandes schließt sich der Ausländer einer seiner Regierung feindlich gesonnenen Extremistengruppe an.

Die Aberkennung des einmal gewährten Asylrechts ist möglich, aber nicht vorgeschrieben, wenn im Heimatland inzwischen die Gründe für eine Verfolgung dauerhaft weggefallen sind.

Art. 16a Abs. 2 – EU-Mitglied, sichere Drittstaaten

Auf Absatz 1 kann sich nicht berufen, wer aus einem Mitgliedstaat der Europäischen Gemeinschaften oder aus einem anderen Drittstaat einreist, in dem die Anwendung des Abkommens über die Rechtsstellung der Flüchtlinge und der Konvention zum Schutz der Menschenrechte und Grundfreiheiten sichergestellt ist. Die Staaten außerhalb der Europäischen Gemeinschaften, auf die die Voraussetzungen des Satzes 1 zutreffen, werden durch Gesetz, das der Zustimmung des Bundesrates bedarf, bestimmt. In den Fällen des Satzes 1 können aufenthaltsbeendende Maßnahmen unabhängig von einem hiergegen eingelegten Rechtsbehelf vollzogen werden.

Das ist die sog. *Drittstaatenregelung*. Dabei sind zwei Gruppen sicherer Drittstaaten zu unterscheiden:

- *Mitgliedstaaten der EU.* Wer aus ihnen einreist, hat prinzipiell keinen Asylanspruch.
- *Andere sichere Drittstaaten*, die durch Gesetz bestimmt werden (siehe § 26a AsylG und dessen Anlage I, die Norwegen und die Schweiz aufführt).

Art. 16a Abs. 3 – Verfolgungsfreie Herkunftsstaaten

Durch Gesetz, das der Zustimmung des Bundesrates bedarf, können Staaten bestimmt werden, bei denen auf Grund der Rechtslage, der Rechtsanwendung und der allgemeinen politischen Verhältnisse gewährleistet erscheint, daß

dort weder politische Verfolgung noch unmenschliche oder erniedrigende Bestrafung und Behandlung stattfindet. Es wird vermutet, daß ein Ausländer aus einem solchen Staat nicht verfolgt wird, solange er nicht Tatsachen vorträgt, die die Annahme begründen, daß er entgegen dieser Vermutung politisch verfolgt wird.

Der Absatz gibt die Möglichkeit, verfolgungsfreie *Herkunftstaaten* zu bestimmen. In Deutschland gelten derzeit folgende Länder als „verfolgungsfrei“:

- alle Mitgliedstaaten der EU
- Albanien
- Bosnien und Herzegowina
- Ghana
- Kosovo
- Mazedonien, ehemalige Jugoslawische Republik
- Montenegro
- Senegal
- Serbien

Bei der Einreise aus diesen Staaten muss der Asylbewerber die Vermutung widerlegen, nicht verfolgt zu sein.

Art. 16a Abs. 4 – Aussetzung der Abschiebung

Die Vollziehung aufenthaltsbeendender Maßnahmen wird in den Fällen des Absatzes 3 und in anderen Fällen, die offensichtlich unbegründet sind oder als offensichtlich unbegründet gelten, durch das Gericht nur ausgesetzt, wenn ernstliche Zweifel an der Rechtmäßigkeit der Maßnahme bestehen; der Prüfungsumfang kann eingeschränkt werden und verspätetes Vorbringen unberücksichtigt bleiben. Das Nähere ist durch Gesetz zu bestimmen.

Geregelt ist die Aussetzung der Abschiebung für Fälle des „ernstlichen Zweifels“ in § 36 Abs. 4 AsylG. Nur wenn massive Zweifel an der Rechtsmäßigkeit des Ablehnungsbescheids bzw. am Zustandekommen dieses

Bescheids vorliegen, greift dieser Schutz. Er kann dann als Eilverfahren vor dem Verwaltungsgericht geltend gemacht werden.

Art. 16a Abs. 5 – Völkerverträge, EU-Recht

Die Absätze 1 bis 4 stehen völkerrechtlichen Verträgen von Mitgliedstaaten der Europäischen Gemeinschaften untereinander und mit dritten Staaten nicht entgegen, die unter Beachtung der Verpflichtungen aus dem Abkommen über die Rechtsstellung der Flüchtlinge und der Konvention zum Schutze der Menschenrechte und Grundfreiheiten, deren Anwendung in den Vertragsstaaten sichergestellt sein muß, Zuständigkeitsregelungen für die Prüfung von Asylbegehren einschließlich der gegenseitigen Anerkennung von Asylentscheidungen treffen.

Die Bestimmung hat vor allem die Funktion, das deutsche Asylrecht „europasicher" zu gestalten. Eine europäische Regelung, z. B. das Schengener Abkommen, hat Vorrang gegenüber dem deutschen Recht, sofern nicht wesentliche Inhalte der Grundrechtsbestimmungen tangiert werden.

Art. 17 [Petitionsrecht]

> Das Petitionsrecht hat historische Vorläufer, die bis ins ausgehende Mittelalter reichen. Im Absolutismus war es ein Gnadenakt des Fürsten, seine Untertanen anzuhören. Das Petitionsrecht hat allgemein auch die Funktion des „Herzausschüttenkönnens".

Art. 17 – Petitionsrecht

Jedermann hat das Recht, sich einzeln oder in Gemeinschaft mit anderen schriftlich mit Bitten oder Beschwerden an die zuständigen Stellen und an die Volksvertretung zu wenden.

Im Unterschied zum Gnadenakt beinhaltet Art. 17 ein für jedermann auch gemeinschaftlich zustehendes Recht, „Bitten und Beschwerden" vorzubringen und eine Antwort zu verlangen. Eine bloße Empfangsbestätigung genügt nicht. Andererseits braucht eine Ablehnung nur kurz begründet zu werden.

Das Einlegen von Rechtsmitteln, z. B. Berufung nach einem Strafurteil, ist keine Petition, diese kann aber parallel dazu erfolgen. Die Bittschrift (= Petition) kann an jede „zuständige Stelle" gesandt werden, z. B. an die Polizei, somit nicht nur an die Volksvertretungen, die dafür besondere Petitionsausschüsse eingesetzt haben. Ist die angerufene Behörde nicht zuständig, so hat sie die Petition an die zuständige Stelle weiterzugeben.

Eine Petition muss schriftlich abgefasst und unterschrieben werden. Anonyme Petitionen sind rechtlich und sachlich bedeutungslos. Die Petition ist zwar *fristlos* und *formlos*, aber sie erhält nicht stets auch noch das dritte „f" wie angeblich eine Dienstaufsichtsbeschwerde, nämlich *fruchtlos*. Die Bittschrift darf kein gesetzeswidriges Verhalten fordern oder einen erpresserischen Inhalt haben. Beleidigungen sind ebenfalls unzulässig, allerdings wird dabei ein großzügiger Maßstab angelegt, weil sonst das Beschwerderecht eingeengt werden könnte. Die Petition muss sich auf ein konkretes Begehren oder einen bestimmten missbilligten Vorgang beziehen. Allgemeine Nörgelei, Tadel oder Lob sind keine Petition. Eine Petition braucht sich ferner nicht auf eigene Angelegenheiten zu erstrecken, sondern kann durchaus auch Belange des *Allgemeinwohls* zum Inhalt haben.

Beispiel:
Bibelzitate wie „Tut Buße" oder „Du sollst nicht lügen" sind für sich allein keine Petition. Sie liegt aber vor, wenn das Parlament aufgefordert wird, die „unerträglich" hohen Einkommensteuern zu senken oder bei einer Beschwerde über die Unfreundlichkeit der Dame im Vorzimmer des Präsidenten der Oberfinanzdirektion.

Beamte haben bei Petitionen, sofern diese sich auf dienstliche Angelegenheiten erstrecken, den Dienstweg einzuhalten. Für Soldaten gilt die Sonderregelung des Art. 17a.

Art. 17a [Grundrechtseinschränkungen für Soldaten]

> Dieser Artikel enthält kein selbstständiges Grundrecht, sondern zusätzliche, über die allgemeinen Schranken eines Grundrechts hinausgehende Beschränkungen.

Art. 17a Abs. 1 – Persönliche Einschränkungen

Gesetze über Wehrdienst und Ersatzdienst können bestimmen, daß für die Angehörigen der Streitkräfte und des Ersatzdienstes während der Zeit des Wehr- oder Ersatzdienstes das Grundrecht, seine Meinung in Wort, Schrift und Bild frei zu äußern und zu verbreiten (Artikel 5 Abs. 1 Satz 1 erster Halbsatz), das Grundrecht der Versammlungsfreiheit (Artikel 8) und das Petitionsrecht (Artikel 17), soweit es das Recht gewährt, Bitten oder Beschwerden in Gemeinschaft mit anderen vorzubringen, eingeschränkt werden.

Diese abschließende, d. h. vollständige Aufzählung möglicher Einschränkungen bedeutet im Grundsatz eine Bestandsgarantie der Grundrechte auch für Soldaten. Damit wird dem Leitbild des „Bürgers in Uniform" entsprochen, der auch als Soldat Staatsbürger mit allen, wenn auch teilweise eingeschränkten, Rechten und Pflichten bleibt. Der Art. 17a gilt nur für die aktiven Wehr- oder Ersatzdienstleistenden, somit nicht für Reservisten.

Die Einschränkungen gelten für folgende Bereiche:

1. Meinungsfreiheit

   Beispiel:
   Der Soldat darf in der Kasernenstube seine politische Meinung frei äußern, muss aber dabei die Pflicht zur Kameradschaft beachten. Er darf jedoch nicht am schwarzen Brett eine Aufforderung zur Wehrdienstverweigerung anbringen.

2. Versammlungsfreiheit. Von der Möglichkeit, den Besuch von Versammlungen gesetzlich zu verbieten, ist bisher kein Gebrauch gemacht worden. Es ist kein Grundrechtsverstoß, wenn das Tragen von Uniformen bei parteipolitischen Versammlungen verboten wird. Die Versammlungsfreiheit (Art. 8) schließt nicht das Recht ein, dieses Grundrecht in Uniform auszuüben.
3. Petitionsrecht. Die Einschränkung bezieht sich nur auf die gemeinschaftlich vorgebrachte Beschwerde oder Bitte. Im Übrigen können sich an den Wehrbeauftragten wenden. Eine gemeinschaftlich verfasste Petition könnte leicht in die Nähe der nach dem Soldatengesetz strafbaren Meuterei geraten.

Art. 17a Abs. 2 – Einschränkung zur Verteidigung, Zivilschutz

Gesetze, die der Verteidigung einschließlich des Schutzes der Zivilbevölkerung dienen, können bestimmen, daß die Grundrechte der Freizügigkeit (Artikel 11) und der Unverletzlichkeit der Wohnung (Artikel 13) eingeschränkt werden.

Der Gesetzgeber hat von dieser Ermächtigung z. B. im Soldatengesetz Gebrauch gemacht, denn gemäß § 18 dieses Gesetzes ist der Soldat verpflichtet, in der Gemeinschaftsunterkunft Quartier zu nehmen, und kann sich insoweit nicht auf das Freizügigkeitsrecht (Art. 11) berufen.

Im Übrigen ist diese Bestimmung weit auszulegen und gibt z. B. Soldaten das Recht, im Rahmen eines Manövers Privatgrundstücke zu betreten, wenn dies zur Erfüllung des Übungszweckes notwendig ist.

Art. 18 [Verwirkung von Grundrechten]

Art. 18 – Grundrechtsverwirkung bei Mißbrauch

Wer die Freiheit der Meinungsäußerung, insbesondere die Pressefreiheit (Artikel 5 Abs. 1), die Lehrfreiheit (Artikel 5 Abs. 3), die Versammlungsfreiheit (Artikel 8), die Vereinigungsfreiheit (Artikel 9), das Brief-, Post- und Fernmeldegeheimnis (Artikel 10), das Eigentum (Artikel 14) oder das Asylrecht (Artikel 16a Abs. 2) zum Kampfe gegen die freiheitliche demokratische Grundordnung mißbraucht, verwirkt diese Grundrechte. Die Verwirkung und ihr Ausmaß werden durch das Bundesverfassungsgericht ausgesprochen.

Diese Verfassungsbestimmung ist ein – man ist geneigt zu sagen: typisch deutsches Unikat. Es enthält kein Grundrecht, sondern ist Ausdruck der „streitbaren Demokratie“, geboren aus der Erfahrung der Weimarer Republik, und ist in der Verfassungsgeschichte neu. Sie drückt den Willen der demokratischen Ordnung aus, sich gegen ihre inneren Feinde zu verteidigen. Der Selbstbehauptungswille und der Kerngedanke des Art. 18 werden in dem Motto „Keine Freiheit für die Feinde der Freiheit“ trefflich erfasst.

Der Katalog der Grundrechte, die bei missbräuchlicher Nutzung zu ihrer Verwirkung führen können, ist vollständig. Der Missbrauch anderer Grundrechte ist im Sinne des Art. 18 unerheblich.

Auch schärfste innenpolitische Auseinandersetzungen sind legitim. Eine Grundrechtsverwirkung ist nur möglich, wenn die Grundrechte zum aggressiven Kampf gegen die „freiheitlich-demokratische Grundordnung“ missbraucht werden.

Im Gegensatz zum üblichen Sprachgebrauch spricht das GG nach einem Urteil des BVerfG stets nur von „freiheitlich demokratischer Grundordnung“, wenn folgende Merkmale erfüllt sind:

- Recht der Persönlichkeit auf Leben und freie Entfaltung
- Volkssouveränität
- Gewaltenteilung

- Verantwortlichkeit der Regierung
- Gesetzmäßigkeit der Verwaltung
- Unabhängigkeit der Gerichte
- Mehrparteiensystem
- Chancengleichheit für alle Parteien
- Recht auf Opposition

Beispiel:
Ein Wahlkampfaufruf „Nieder mit der xyz-Partei" ist kein Missbrauch des Grundrechts auf freie Meinungsäußerung, wohl aber die Aufforderung „Alle Macht den Räten!", weil damit das Gewaltenteilungsprinzip beseitigt würde.

Die Gründung einer „Volksbewegung" zum Verbot des Autofahrens missbraucht nicht die Vereinigungsfreiheit, wohl aber ein „Kampfbund" zur Errichtung einer Diktatur.

„Verwirkung" bedeutet nicht, dass der Betroffene diese Grundrechte nicht mehr ausüben kann, er verliert lediglich den Grundrechtsschutz, z. B. bei Maßnahmen der Polizei gegen ihn.

Art und Reichweite der Verwirkung von Grundrechten kann nur das BVerfG aussprechen. Diese hohe Barriere gibt dem Art. 18 eine geringe praktische Bedeutung. Bisher haben nur vier Verfahren vor dem BVerfG stattgefunden; in keinem Fall hat das Gericht eine Grundrechtsverwirkung ausgesprochen.

Art. 19 [Schutz der Grundrechte]

Art. 19 ist inhaltlich kein eigenständiges Grundrecht, sondern enthält eine Garantie, die dem Schutz der Grundrechte dient.

Art. 19 Abs. 1 – Gesetzesvorbehalt notwendig

Soweit nach diesem Grundgesetz ein Grundrecht durch Gesetz oder auf Grund eines Gesetzes eingeschränkt werden kann, muß das Gesetz allgemein und nicht nur für den Einzelfall gelten. Außerdem muß das Gesetz das Grundrecht unter Angabe des Artikels nennen.

Nur solche Grundrechte dürfen eingeschränkt werden, die einen *Gesetzesvorbehalt* aufweisen, bei denen also im Grundrecht selbst die Möglichkeit zum regelnden und damit einschränkenden Gesetz eingeräumt ist. Dazu gehören Art. 2 Abs. 2 Satz 3, Art. 6 Abs. 3; Art. 8 Abs. 2; Art. 10 Abs. 2; Art. 11 Abs. 2; Art. 13 Abs. 3 und Art. 16 Abs. 1 Satz 2. Alle anderen Grundrechtsartikel sind nicht antastbar.

Grundrechtseinschränkungen im Sinne des Art. 19 Abs. 1 liegen nicht vor bei der sog. *Schrankentrias* (= die Dreiergruppe der Grundrechtsschranken) des Art. 2 Abs. 1, auch nicht beim Hinweis auf die allgemeinen Gesetze (Art. 5 Abs. 2). Art. 19 Abs. 1 gilt ferner nicht bei den übrigen gesetzlichen *Inhalts- und Schrankenbestimmungen*, die der Verfassungsgeber dem Gesetzgeber von vornherein eingeräumt hat (Art. 12 Abs. 1 Satz 2; Art. 14 Abs. 1 und Art. 14 Abs. 3 jeweils Satz 2 und Art. 15 Satz 1). Eine Grundrechtseinschränkung liegt ferner bei einem reinen *Verfahrensgesetz* nicht vor, das aufgrund einer Verfassungsbestimmung erlassen wurde. Ein solches Gesetz regelt lediglich, wie ein Grundrecht praktisch ausgeübt werden soll (z. B. Art. 4 Abs. 3 Satz 2), ist daher keine Beschränkung des Grundrechts.

Ein *Individualgesetz* zur Grundrechtseinschränkung ist unzulässig. Das Gesetz muss stets so abstrakte Merkmale haben, dass es auf eine nicht näher zu bestimmende Vielzahl von Fällen zutrifft oder zutreffen kann.

Art. 19 Abs. 1 enthält ferner das sog. *Zitiergebot*, d. h. der Gesetzgeber muss ausdrücklich das Grundrecht nennen, das eingeschränkt werden soll. Damit sollen Grundrechtsänderungen transparent gemacht werden. Diese Bestimmung kann auch als eine Art Warnschuss an den Gesetzgeber aufgefasst werden, sich bewusst zu machen, was er tut, wenn er ein Grundrecht begrenzt. Einschränkende Gesetze müssen das betreffende Grundrecht jedoch nur dann ausdrücklich nennen, wenn das Gesetz die Schranken verengt, die von vornherein in jedem Grundrecht selbst enthalten sind.

Art. 19 Abs. 2 – Wesensgehalt

In keinem Falle darf ein Grundrecht in seinem Wesensgehalt angetastet werden.

Was zum „*Wesensgehalt*" eines Grundrechts gehört, ist in allgemeiner Form kaum bestimmbar. Es kann nur von Fall zu Fall höchstrichterlich entschieden werden. Jedenfalls kommt in dieser Bestimmung ein Misstrauen gegenüber dem Gesetzgeber zum Ausdruck, wird seine grundsätzliche gesetzgeberische Freiheit damit begrenzt. Kein Grundrecht darf aufgehoben oder entscheidend eingeengt werden. Die Kernsubstanz darf vom Gesetzgeber auch bei völliger Ausschöpfung seines Ermessensspielraums nicht angetastet werden.

Beispiel:
Mit einem Vermummungsverbot bei Demonstrationen wird das Grundrecht des Art. 8 Abs. 2 sicherlich nicht verletzt, es hindert den Teilnehmer ja nicht an der Ausübung seines Rechtes. Das Kernrecht der Versammlungsfreiheit bleibt erhalten. Anders wäre es, wenn an einer Kundgebung z. B. nur Personen teilnehmen dürfen, die im Umkreis von 500 Metern wohnen, die anderen könnten ihr Recht dann praktisch nicht ausüben.

Art. 19 Abs. 3 – Juristische Personen

Die Grundrechte gelten auch für inländische juristische Personen, soweit sie ihrem Wesen nach auf diese anwendbar sind.

Grundrechtsträger sind zunächst alle natürlichen Personen. Dabei ist zu unterscheiden zwischen *Grundrechten für Deutsche*, z. B. nach Art. 8 und 9, und *Jedermann-Grundrechten*, z. B. Art. 1 bis 6. Grundrechte gelten, soweit anwendbar, auch für *juristische Personen.*

Für diese Personengruppe sind zwei Arten zu unterscheiden:

› 1. *Juristische Personen des Privatrechts.* Für sie hat das BVerfG den Begriff juristische Person weit gefasst, so gehören dazu nicht nur die eingetragenen Vereine (e. V.) oder die Kapitalgesellschaften wie z. B. AG, GmbH, sondern auch *nichtrechtsfähige Vereinigungen*, sofern sie zu eigener Willensbildung fähig sind, z. B. die Handelsgesellschaften OHG und KG.

Für diese weit gefasste Kategorie der inländischen (!) juristischen Personen gelten folgende Grundrechtsartikel: Art. 2 Abs. 1; Art. 3 Abs. 1; Art. 4 Abs. 1; Art. 5 Abs. 1 und 3; Art. 7 Abs. 4; Art. 8; Art. 9 Abs. 1 und 3; Art. 10 Abs. 1; Art. 11 Abs. 1; Art. 12 Abs. 1; Art. 13; Art. 14; Art. 17 und Art. 19.

Auf juristische Personen sind naturgemäß die folgenden Grundrechtsartikel nicht anwendbar: Art. 1 Abs. 1; Art. 2 Abs. 2; Art. 3 Abs. 2; Art. 4 Abs. 3; Art. 6; Art. 12 Abs. 3; Art. 12a und Art. 16a.

Beispiel:
Eine Aktiengesellschaft genießt die Eigentumsgarantie des Art. 14, aber nicht den Schutz der Glaubensfreiheit des Art. 4 Abs. 1, weil die AG als juristische Person im Gegensatz zu den Aktionären keine religiöse Überzeugung haben kann.

› 2. Die Grundrechte gelten dagegen nicht für *juristische Personen des öffentlichen Rechts* wie *Gebietskörperschaften*, z. B. Gemeinden und Anstalten des öffentlichen Rechts, wie Staatliche Seminare zur Lehrerausbildung. Sie handeln im Auftrag des Staates, sind somit nicht Anspruchsberechtigte, sondern gegenüber den Grundrechtsträgern *Grundrechtsverpflichtete*, d. h. sie müssen die Grundrechte gemäß Art. 1 Abs. 1 schützen.

Eine Sonderregelung gilt für die öffentlich-rechtlich organisierten Religions- und Weltanschauungsgemeinschaften, da sie nicht zum staatlichen Bereich gehören. Sie genießen Grundrechtsschutz nach Art. 3, Art. 4 und Art. 14.

Nur ausnahmsweise können sich juristische Personen des öffentlichen Rechts auf Grundrechte berufen.

Beispiel:
Universitäten können für sich Art. 5 Abs. 3, die öffentlich-rechtlichen Rundfunkanstalten Art. 5 Abs. 1 Satz 2 in Anspruch nehmen.

Art. 19 Abs. 4 – Rechtsweggarantie

Wird jemand durch die öffentliche Gewalt in seinen Rechten verletzt, so steht ihm der Rechtsweg offen. Soweit eine andere Zuständigkeit nicht begründet ist, ist der ordentliche Rechtsweg gegeben. Artikel 10 Abs. 2 Satz 2 bleibt unberührt.

Art. 19 Abs. 4 enthält ein formelles *Hauptgrundrecht*, d. h. jeder hat das förmliche Recht, die Gerichte anzurufen, um dort *Rechtsschutz* zu finden. Zu diesem Recht gehört auch, dass Rechtsuchenden der Zugang zu den Gerichten nicht durch zu hohe finanzielle und bürokratische Hürden unzumutbar erschwert wird oder kaum einhaltbare kurze Fristen ihm das Einlegen von Rechtsmitteln praktisch unmöglich machen. Auch hier ist der *Grundsatz der Verhältnismäßigkeit* von der staatlichen Gewalt strikt zu wahren.

Zur „öffentlichen Gewalt" zählen alle Vollzugshandlungen der Exekutive; dagegen gehören die Legislative und Rechtsprechung im Sinne des Art. 19 Abs. 4 Satz 1 nicht dazu. Die Bestimmung soll Schutz durch, nicht gegen den Richter gewähren. Voraussetzung für die Anwendung von Art. 19 Abs. 4 ist, dass jemand in seinen eigenen Rechten verletzt wird. Das GG gewährt keine *Verbands-* oder *Popularklage* als Grundrecht. Aber der Gesetzgeber hat von der Möglichkeit Gebrauch gemacht, die das GG nicht ausschließt, solche Klagen zuzulassen.

Beispiel:
Der Bund für Umwelt- und Naturschutz (BUND) kann aufgrund des Bundesnaturschutzgesetzes gegen den Vollzug einschlägiger Gesetze im Bereich Natur-, Umwelt- und Tierschutz klagen.

Art. 19 Abs. 4 gewährleistet einen lückenlosen richterlichen Schutz. Sollten sich andere Gerichtszweige, z. B. Finanzgerichte oder Verwaltungsgerichte, für unzuständig erklären, bleibt der *ordentliche Rechtsweg* offen, z. B. die Klage beim örtlichen Amtsgericht. In der Praxis aber sind die Verwaltungsgerichte für alle Klagen gegen die öffentliche Verwaltung zuständig.

Im modernen Staat darf sich der Bürger normalerweise sein Recht nicht selbst verschaffen; *Selbsthilfe* ist nur statthaft, wenn staatliche Hilfe nicht rechtzeitig zu erlangen ist und ohne sofortiges Eingreifen die Gefahr besteht, dass sein Anspruch nicht oder nur schwer verwirklicht werden kann.

> Beispiel:
> Ein Gläubiger hindert einen Großschuldner, sich in letzter Minute per Flugzeug in ein Land abzusetzen, in dem die Beitreibung der Schulden praktisch unmöglich ist.

Auch vorbeugender Rechtsschutz ist möglich, d. h. bevor der Betroffene durch die Ausführung eines Gesetzes in seinem Grundrecht tatsächlich verletzt wird, wenn z. B. schwere Nachteile entstünden, die nachträglich nicht mehr beseitigt werden können.

> Beispiel:
> Das BVerfG hat in seiner Entscheidung zum Gesetz über die *Volkszählung* von 1983 eine Reihe von Fragen als unvereinbar mit dem Recht auf *informationelle Selbstbestimmung* erklärt (s. Bemerkung zu Art. 2 Abs. 1), bevor das Volkszählungsgesetz überhaupt angewandt wurde.

Abkürzungsverzeichnis

Abs.	Absatz
Art.	Artikel
AsylG	Asylgesetz
BAG	Bundesarbeitsgericht
BGB	Bürgerliches Gesetzbuch
BGH	Bundesgerichtshof
BVerfG	Bundesverfassungsgericht
d. h.	das heißt
EU	Europäische Union
GG	Grundgesetz
s.	siehe
sog.	so genannte/r
u. U.	unter Umständen
u. a.	unter anderem
UN	United Nations – Vereinte Nationen
vgl.	vergleiche
z. B.	zum Beispiel

Stichwortverzeichnis